Bayer · Sellavie ist kein Gemüse

Thommie Bayer, Jahrgang 53, studierte Malerei in Stuttgart, bevor er sich als Liedermacher etablierte. Nach über tausend Konzerten und acht Langspielplatten lebt er heute als Schriftsteller in Staufen/Breisgau. Er schreibt Romane, Erzählungen und Glossen; Artikel für Zeitungen und Rundfunk; Texte und Musik für Ex-Kollegen.

Thommie Bayer

# Sellavie ist kein Gemüse

## 30 Typen wie du und er

Mit Zeichnungen von
Volker Kriegel

PSYCHOLOGIE HEUTE
Taschenbuch
verlegt bei Beltz

CIP-Titelaufnahme der Deutschen Bibliothek
**Bayer, Thommie:**
Sellavie ist kein Gemüse : 30 Typen wie du und er / Thommie Bayer. Mit Zeichn. von Volker Kriegel. – 10.–14. Tsd. – Weinheim ; Basel : Beltz, 1991
(Psychologie heute : Taschenbuch ; 528)
ISBN 3-407-30528-1
NE: Psychologie heute / Taschenbuch



10.–14. Tausend: 1991

Herstellung: L & J Publikations-Service GmbH, 6940 Weinheim
Satz: Satz & Reprotechnik GmbH, 6944 Hemsbach
Druck und buchbinderische Verarbeitung:
Druckhaus Beltz, 6944 Hemsbach
Umschlaggestaltung: Peter J. Kahrl, Neustadt/Wied
Printed in Germany

ISBN 3 407 30528 1

# Inhalt

Die Wahl der Waffen
*Der mit der Streitkultur*
11

Freie Fahrt für freie Bürger
*Der Rechtsüberholer*
15

Sellavie ist kein Gemüse
*Der Frankreich-Liebhaber*
19

Abenteuer
*Der neue Mann und das Meer*
25

Das richtige timing ist alles
*Der Nicht-Yuppie*
29

Wer langsam reit', kommt grad' so weit
*Der Schriftsteller*
35

Elektrolurch
*Der, der das Natürliche liebt*
39

Inst-Allah
*Der mit dem Avantgarde-Problem*
41

Karl-Heinz und Bobby McGee
*Der ausgestiegene Lehrer*
47

Kein Kind von Traurigkeit
*Der mit den Sprüchen*
51

Koordination und schlechte Luft
*Der anspruchsvolle Musikhörer*
55

Trost und verwandte Sportarten
*Der Sensible und das Männermagazin*
59

The Bier und Bargeld Stompers
*Der mit der Honorarforderung*
65

Das Geständnis
*Der Kleinstadt-Häusermakler*
71

Orchestral Maneuvres in The Dark
*Der in den Startlöchern*
73

Dein Bauch gehört dir
*Der, der die Frauen emanzipiert*
77

Der Flug über den Rand der Welt
*Der Maler*
83

Spätzle, Spätzle, wenn ich das schon hör'
*Der gekränkte Schwabe*
89

Wer mit wem
*Der passionierte Fußgänger*
93

Magna Cum Laude
*Der mit den Fremdwörtern*
97

Überall freundliche Agenten
*Der partiell Unsichere*
99

Dark Side of The Moon
*Der Rock-Roadie*
103

Überzeugungsarbeit
*Der, der beim besten Willen nicht schwul ist*
107

Neid ist doch kein Thema
*Der, der echt keinen Dünkel hat*
113

Extra Stout
*Der letzte lebende Ire*
115

Einer gegen Alle
*Der Anachronist*
119

Doch
*Der, der eigentlich nur noch klassische Musik hört*
123

Aus dem Kuckucksei gepellt
*Der Unsichtbare*
127

Schnäppchen
*Der, der immer alles ganz günstig kriegt*
133

Eins und eins macht zwei
*Der ohne Vorurteile*
137

Für die, die an sich selbst
nur rhetorische Fragen
richten

# Die Wahl der Waffen

## *Der mit der Streitkultur*

„Du mußt deine Wut rauslassen", sagt sie, „gleich wenn du sie spürst – sofort rauslassen. Wenn du so weitermachst und immer alles runterschluckst, kriegst du ein Magengeschwür."

Das klingt fair, ist es aber nicht, denn wenn sie du sagt, meint sie sich. Anlaß zu Wutausbrüchen gebe von uns beiden nur ich. Von *ihrer* Wut ist also die Rede. *Ich* könnte höchstens eine Wut auf Dritte haben. Die verdienen dann auch das Donnerwetter, für dessen Herabschmettern sie wirbt.

„Also, seine Wut rauszulassen ist gesund?" frage ich.

„Ja", sagt sie.

„Für dich vielleicht", sage ich, „dein Magengeschwür mag in weitere Ferne rücken, aber meines kommt näher. Du lädst deine Wut nämlich auf mich ab, dann hast du sie los und ich hab' den Krampf im Bauch. Ist das fair?"

„Ich bin eben spontan", sagt sie.

Das nun wieder bezweifle ich, denn ich habe sie zögern sehen, als sie kürzlich das unwiederbringliche Jugendstilglas in der Hand hielt. Und ich habe sie zu dem Zwei-Mark-Luminarc-Becher greifen sehen, den sie dann mit Vehemenz in genau die Ecke der Küche schleuderte, die am leichtesten zu fegen ist. Die echte Spontaneität war das jedenfalls nicht.

„Spontan ist auch so'n Ding, das du bei dir gut findest, aber bei mir nicht", sage ich, und sie beeilt sich zu erklären, daß das nicht stimme. Im Gegenteil habe sie es sehr gern, wenn ich spontan mit ihr an den Baggersee ginge, obwohl ich noch zu arbeiten habe. Oder wenn ich mich spontan zu einem Kurzurlaub in Paris hinreißen ließe, obwohl die Bank schon meine Lebensversicherung und die Wagenpapiere als Geiseln für den Dispo-Kredit genommen hat. Meine Frage, wie es denn mit dem ganz spontanen Einschwenken auf einen fremden Hintern wäre, oder dem spontanen Kauf des Motorrades, das ich mir schon seit Jahren verkneife, ignoriert sie. Natürlich ignoriert sie das. Irgendwo im Hinterstübchen weiß sie nämlich, daß sowohl meine Beherrschung als auch das, was sie meinen Mangel an Spontaneität nennt, ihr ein angenehmeres Leben verschaffen. Ohne Spontaneität gäbe es keine Selbstverwirklichung, deklamiert sie statt dessen. Ich frage, ob sie sich so unwirklich fühle, daß sie etwas dagegen unternehmen zu müssen glaube, wenn ja, sage ich, solle sie sich kneifen. „Wenn es weh tut, bist du wirklich", sage ich, aber sie meint, ich solle nicht albern sein. Ich mache sie richtig wütend mit meiner ewigen Unangreifbarkeit, sagt sie, ich solle sie nicht immer so zu beherrschen suchen mit meinen arroganten Sprüchen.

„Da hätte ich jetzt einen Vorschlag“, biete ich an. „Du entscheidest dich ganz spontan, deine eben aufkeimende Wut ausnahmsweise mal nicht rauszulassen und wir schauen mal, was da so krankheitsmäßig auf dich zukommt. Wenn es nicht mindestens ein Schnupfen innerhalb der nächsten beiden Wochen ist, vom Aufbrechen deines noch nicht existierenden Magengeschwürs gar nicht zu reden, dann kannst du in Zukunft vielleicht auf den einen oder anderen Tobsuchtsanfall verzichten. Was meinst du?“

Der vollen Dose mit geschälten Tomaten weiche ich geschickt aus, aber ihren Einschlag durchs Glas eines der Oberschränke kann ich nicht mehr verhindern.

„Wenn du glaubst, jetzt seist du spontan gewesen“, sage ich, „dann täuschst du dich aber gewaltig. Das hab' ich genau so geplant. Ich wußte, daß du die Dose nimmst, ich hab' mich sogar unauffällig vor den Schrank mit den Töpfen gestellt, damit nicht noch mehr kaputtgehen kann und ich weiß auch schon jetzt, daß du mich gleich ein Arschloch nennen wirst. Was ist das noch für eine Spontaneität?“

„Blöde Sau“, sagt sie.

*Den* Triumph gönnt sie mir nicht. Was sie nicht weiß, ist, ich wußte, daß, wenn ich das Wort Arschloch besetze, nur noch Blöde Sau kommen kann.

In der Kneipe bestelle ich einen Fernet Branca, aber da Wolli keinen hat, bin ich auch mit einem Underberg zufrieden.

# Freie Fahrt für freie Bürger

## *Der Rechtsüberholer*

Seit einem Jahr quält mich die Frage: War es richtig, den getunten schwarzen GTI mit den extrabreiten Schlappen aufzugeben und auf den Hundertneunziger umzusteigen? Denn erstens haben die Lackierung aller Chromteile, die Spoiler und der Extra-Kühler ein Heidengeld gekostet, zweitens wäre ein Dreier-BMW von vornherein günstiger gekommen, und drittens nimmt mir immer noch keiner den erfolgreichen Designer ab. Warum eigentlich nicht? Es stimmt doch alles. Das Armani-Parfüm, die Cornelliani-Lederjacke, das Fendi-Köfferchen und die Gucci-Schuhe. Der Haarschnitt ist Fremdenlegion, die Brille Wim Wenders, die Uhr eine Swatch, und die Zinsen unglaublich. Vier Kredite bei vier verschiedenen Banken. Entweder schläft die Schufa oder man hielt meinen Job für unkündbar. War er nicht.

Warum also glaubt mir keiner den Designer? Was wollen die noch? Sind die zu blöd, um diese Zeichen zu deuten? Vermutlich ist es das. Wenn ich mal einen Tramper einlade und ganz beiläufig frage, was er, der Tramper, denn raten würde, was ich, der Fahrer, von Beruf sei, dann tippen die immer auf Industriekaufmann, Außendienstler oder Polizist. *Polizist*, das muß man sich mal vorstellen. Liegt vielleicht daran, daß die Tramper vom Bund nach Hause fahren. Zeitsoldaten. Haben vermutlich gar keine Ahnung, was das überhaupt ist, ein Designer.

Das ist es. Bestimmt lade ich immer die Falschen ein. Möglicherweise sind aber die Leute, die trampen, von vornherein die falschen. Wenn einer sich schon durch die Landschaft schnorrt, was weiß der dann von Fendi? Ist vielleicht vernünftiger, nur noch Tramperinnen einzuladen. Frauen haben einen Blick für Qualität.

Aber eigentlich ist es ohne Fahrgast noch schöner. Da zieht das Geschoß noch griffiger durch. Keiner beschwert sich, keiner will am nächsten Parkplatz raus und keiner krallt sich mit bleichen Knöcheln am Handschuhfach fest.

Wozu stehen die Zahlen ganz rechts auf dem Tacho, wenn die Nadel nicht auf sie zeigt? Geschlafen wird im Bett und geparkt wird auf der rechten Spur. Zweieinhalb Liter sind eine Verpflichtung. Möglichkeit zu Leistung ist Aufforderung zu Leistung. Alles bis hundertzwanzig ist geparkt.

Da, ein Fahrer mit Hut. Ja gibt's denn das noch? Wurden die nicht von der Genfer Konvention verboten? Ford Granada von 82. Wackelhund im Heck. Bestimmt ist die bestrickte Klorolle gerade in der Inspektion. Die fehlt nämlich noch. Will die linke Spur nicht freimachen. *Mann, stell' deinen Toaster woanders ab, andere Leute haben heut' noch was vor!* Meint wohl, der Rest der Welt könne auch mit Hundertzwanzig zufrieden sein. Der kriegt 'ne Fahrstunde. *Hallo Schnarcher, so sieht Halogen im Rückspiegel aus. Ach was, Rückspiegel, weißt du nicht, was das ist, wie? Und so klingt eine extra eingebaute Sechshundert-Mark-Lastwagenhupe. Hörst du auch nicht? Hast die Oberkrainer zu laut gedreht? Ja, merkst du denn gar nicht, daß ich schon seit einer Viertelstunde deinen Aufkleber lese? „Wieder ein Ford von Autohaus Gähn und Kriech". Paß mal auf, Papi, kannst gleich was lernen. Jetzt, ja jetzt, mußt du mal kurz nach rechts schauen. Hallihallo, wo komm' ich denn her? Hähä. S c h a u e n!!! hab' ich gesagt, nicht rüberziehen!!!*

Na bitte, *s o* sehen Polizisten aus. Gestutzter Schnurrbart, irgendwie unweigerlicher Gesichtsausdruck und dieses holprige Auftreten. So was in der Mitte zwischen Spießer und Rocker. Die haben alle den Wohnküchenblick. Die wissen noch, was das Wort Trevira bedeutet. Die halten Carpaccio für 'ne Landschaft.

Und dann dieser Richter. Den müßte man doch wegen Befangenheit ablehnen können, dem sieht man doch das Modell auf hundert Meter an: Omega, Scorpio, Audi achtzig. Jede Wette. Eine Kiste Asti Spumante, daß er mit Hut fährt! Aus *d i e s e m* Mund ist das Urteil eine Ehrenerklärung. Kann man sich einrahmen und an die Wand nageln. Daß diese rührenden Typen nicht langsam aussterben. Pudelbesitzer, Pitralonbenutzer, Partykeller mit Lichtorgel und Verwandte in der DDR. Irre. Und der Typ von der Leasingbank: Versandhauskrawatte, Versandhausanzug, Versandhaus-Haus, Versandhaus-Frau, Versandhausgehalt.

Na ja, nichts gegen kleine Gehälter. Für die nächste Zeit muß es wohl erstmal ein gebrauchter Manta mit Boss-Aufkleber tun. Hosenträgergurte und Heckjalousie kann man sich ja zum Geburtstag wünschen. Herb ist allerdings die Rückkehr in das Zimmer bei den Eltern. Das war doch eigentlich abgehakt. Reihenhaussiedlung, Gartenschlauchparty, „Junge steh' auf, das Mittagessen wird kalt" – das hat was vom Pech beim Monopoly.

Die Braun-Stereoanlage ist wenigstens nicht pfändbar. Bis das blöde Gipsgestell vom Hals kommt, kann ich nach Herzenslust Musik hören. Aber dann wird sie verkauft. Man darf nicht an materiellen Dingen hängen, wenn die Aufnahmegebühr für die Designerschule ansteht. Man muß jederzeit von vorn anfangen können.

Außerdem hat der Dreier-BMW einen schärferen Appeal. Irgendwie bissiger. Bis zum Bitter-Cabrio ist noch ein weiter Weg. Von dort zum Testarossa allerdings nur noch ein Katzensprung. Aber was soll's? Wo war denn Colani mit einundzwanzig?

# Sellavie ist kein Gemüse

## *Der Frankreich-Liebhaber*

Wenn ich wählen darf zwischen Grace Kelly und Catherine Deneuve, dann nehme ich Deneuve. Wenn ich wählen darf zwischen Trebbiano und Chablis, dann nehme ich Chablis; und wenn ich wählen darf zwischen Souvlaki und Bœuf Bourgignonne, dann nehm' ich letzteres. Nur wenn ich wählen müßte zwischen Elvis und Johnny Hallyday, würde ich vermutlich das Original vorziehen. Hallyday ist nicht französisch. Aber schon wenn es um Opel oder Renault, Mercedes oder Citroën ginge, würde ich wieder welsch wählen. Ich bin frankophil. Daß man frankophil ist, erkennt man daran, daß man Isabelle Huppert schön findet. Ich find' die schön. Doch.

Allein dieses Gefühl, wenn man endlich über die Grenze fährt. Das ist so ähnlich wie Schule schwänzen, oder aus einer verfahrenen Beziehungskiste aussteigen. Das Herz geht einem auf, der Kaffee schmeckt, es liegt was in der Luft, so ein kollektives oh la la, vive l'amour, blanc de blanc, pas de deux. Man wäre sofort fähig, es mal mit Liebe am Nachmittag zu versuchen. Bei vollem Tageslicht. Pourquoi pas?

Frankophilie ist keine Krankheit und deshalb auch nicht heilbar. Obwohl es Leute geben soll, die ihren Südfrankreich-Traum einfach irgendwann in einen Toskana-Traum umgewandelt haben, um dann ein paar Jahre später ein Haus auf Korfu zu kaufen. Aber ich bin treu, fidèle, wie der Franzose sagt, ich träume noch immer von Les Beaux.

Mit einem R4 fing es an. Sofort als ich drin saß, merkte ich: Das ist mehr als ein Auto. Ich weiß, das klingt wie ein Werbespruch. Heutzutage sind die banalsten Dinge mehr als nur sie selbst. Eine Kugel steht an der Straße und sagt: Ich bin zwei Öltanks, irgendein Film ist mehr als nur ein Film, und wäre Kennedy nicht zu früh dran gewesen, dann hätte er sicher gesagt: Ich bin zwei Berliner. Trotzdem, der R4 war mehr. So nah an der Straße, so nah am Leben, so laisser faire und savoir vivre.

Die Garnisonssoldaten verkauften Gauloises und Gitanes zu Schleuderpreisen schwarz, und die waren dann zwar nicht mehr als Zigaretten, aber mehr Zigaretten für's Geld. Ich hatte bald eine Ente und spielte mit dem Gedanken, sie auf den Rücken zu legen, denn die Firma Citroën versprach jedem, der das schaffen würde, zehntausend Mark und einen neuen 2CV. Ich raste in die Kurven mit allem, was das charmante Motörchen hergab, aber was mir seinerzeit mit dem Käfer zweimal ungewollt gelang, wollte jetzt nicht klappen. Na ja, dachte ich, ich fahre den Döschwoh ja nicht zum Geldverdienen, sondern zum Leben. Ja genau, zum Leben.

Wir waren alle eine große Familie. Die Tramper

machten Freudentänze, wenn sie mich nur kommen sahen, die anderen Entenfahrer grüßten mich mit gespreiztem Zeige- und Mittelfinger, an jeder Grenze wurde ich nach Haschisch durchsucht, es gab für jede, aber auch jede kleine Parksünde gleich einen Strafzettel, und die rotgesichtigen Mercedesfahrer hupten entweder violettgesichtig hinter mir oder fuhren höhnisch gestikulierend an mir vorbei. Waren wir zwei Enten in einer Kolonne, dann scherte die hintere aus, blockierte den nachfolgenden Verkehr, bis die vordere überholt hatte und überholte dann selbst. Das war so ziemlich die einzige Möglichkeit, mal auf die linke Spur zu kommen. Das melancholische „Hönk-Hönk" der anderen Entenhupe genügte einem als Dank. Später fuhr ich einen DS 19 und genoß die Seekrankheit meiner Beifahrer.

Wir müssen wohl eine Art Avantgarde gewesen sein, mit unserer künstlerhaften Nonchalance, denn bald folgten uns andere, wir wurden immer mehr. Zu viele. In jedem Urlaub, sei es in Sainte Marie oder Aix, auf jedem Wochenendtrip nach Paris oder Strasbourg, begegneten einem nicht nur jede Menge Deutsche, sondern plötzlich auch welche aus der eigenen Stadt. Die Baguettes wuchsen plötzlich in den kleinsten Provinzstädtchen aus jeder zweiten Einkaufstüte. Bistros machten auf, und an jeder Ecke schrie ein Schild, der Beaujolais primeur sei arrivé.

Anfänglich genoß ich das, denn ich bekam jetzt bei Karstadt meinen Amora-Senf, ohne den eine

Vinaigrette einfach nicht hinhaut, Paté beim Metzger Wiggenhauser, Kulis von Bic bei der Papeterie Schneider, Croissants beim Bäcker und Bordeaux in jedem Edeka-Laden. Aber irgendwann wurde mir klar, daß mit den Charleston-Enten, die inzwischen der Vater für die studierende Tochter kaufte, mit den Aufklebern „Nie wieder Rolls Royce", mit Esprit-Hemdchen und Chanel Nummer fünf der Ausverkauf begonnen hatte. Der Ausverkauf einer Idee, einer Weltanschauung und eines Lebensgefühls. Hinz und Kunz übten sich plötzlich in laisser faire und savoir vivre. Charles Creti und Maurice Pleti. Aus Kostengründen fuhr der Spießer einen Peugeot, aus Langeweile kochte die Spießerin Coq au vin, und irgendwann tanzte der Spießersohn auf einen Hit namens Voyage-Voyage.

Ich bin treu, aber alles was recht ist, dieser Inflation leiste ich nicht noch Vorschub. Ich warte jetzt ab. Ich bin derzeit ein Frankophiler incognito, ein Undercover-amant. Bis diese ganze vulgäre Frankreichausschlachterei vorüber ist, halte ich mich bedeckt. Ich versäume zwar noch immer keinen einzigen Chabrol-, Truffaut-, Melville-, Verneuil-, oder Louis-Malle-Film und besuche noch immer jedes Konzert der Muselte-Akkordeonistin Lydie Auvray; ich träume auch noch immer von Les Beaux, aber ich habe ein Haus bei Trondheim gemietet und jeden Sommer setze ich meine Baskenmütze auf, belade den Volvo mit allen Aznavour-, Piaf- und Polnareff-Platten und lebe dort einen Monat lang wie Gott in Frankreich. Meine schwedischen Freunde haben nichts dagegen, daß ich, wenn sie Skol sagen, immer mit Santé erwidere. Unterwegs nehm' ich keine Tramper mit und grüße keine anderen Volvo-Fahrer. Das schwedische Fernsehen bringt jeden Sommer meinen Lieblingsfilm. Außer Atem. Im Original: Au bout de souffle.

# Abenteuer

## *Der neue Mann und das Meer*

Ich bin Nichtraucher. Hab's nie angefangen, weiß auch nicht warum. Ich brauch's einfach nicht. Als ich mir kürzlich „Auf der Jagd nach dem grünen Diamanten" wieder angesehen habe, hat mich diese ganze Zigarettenwerbung angekotzt. All diese Schicki-Mickis, die da auf weißen Booten, in weißen Autos oder in weißen Flugzeugen durch die Gegend rasen, ihr Zahnarztgesicht in die Sonne halten und unwahrscheinlich gut drauf sind ... ekelhaft. Die einzigen Zigarettenfilmchen, die ich ertragen kann, die ich mir sogar ganz gern mal ansehe, sind die von Camel, wo der Mann im Khaki-Hemd über den Wasserfall startet, und von Reval, wo einer sein Zelt aufbaut und von Marlboro, obwohl mir da der Mann nicht gefällt. Der sieht so rechts aus. Wenn der Marlboro-Film kommt, lachen immer alle. Daß ich die Marlboro-Geschichten eigentlich ganz schön finde, gebe ich auch nie zu. Jeder lacht über Marlboro. Bloß komisch, daß die meisten dennoch Marlboro rauchen. Männer jetzt mal.

Ich bin kein Macho. Ich liege beim Sex lieber unten und kann auch nicht jederzeit. Ich koche für uns beide und höre meiner Freundin geduldig zu, wenn sie die Tagesgeschichten von ihrer Arbeit erzählt. Wenn sie hinterher die Küche aufräumt, das ist dann meistens ein kleiner Großputz, weil ich recht exzessiv koche, dann erzähle ich von meinem Tagesablauf. Sie hat mich sogar dazu gebracht, im Sitzen zu pinkeln, obwohl ich nicht einsehe, wozu Gott mir einen Wasserhahn angeschraubt hat, der in der Handhabung viel günstiger ist als eine simple Öffnung, aber ich sehe ein, daß es für die Frauen eine Demütigung bedeutet, dieses Privileg nicht zu haben, also verzichte ich darauf. Man fährt ja auch nicht im Sportwagen durch Slums.

Ich bin also eher das, was man den „neuen Mann" nennt. Ich trage die bunten Pullover, die sie mir strickt, rede ihr nicht beim Autofahren rein, finde mich nicht intelligenter und lasse sie entscheiden, ob wir ein Kind wollen oder nicht. Trotzdem ist da etwas, das angerührt wird, wenn der Reval-Mann sein Zelt aufbaut. So eine Sehnsucht. So eine Sehnsucht nach echter Existenz, nach Grenzen, die überschritten werden sollen, nach Leistung ... Ja ich weiß, Leistung ist ein Wende-Wort. Vor acht Jahren war Leistung noch etwa so pfui wie Egoismus, und heute ist es schon wieder so hui wie das Wort „Millionär" in den Ami-Filmen der vierziger Jahre. Ich meine nicht diese Leistung, nicht die, die sich in einem glänzenden Neuwagen zeigt oder der Terrassenvilla am Südhang. Aber dieser gewisse Trotz gegenüber den übermächtigen Elementen, diese Herausforderung, die eine ungezähmte Natur an einen stellt; dieses Gefühl, kämpfen zu müssen, sich zu beweisen und Gegnern zu stellen, das steckt in den Männern wohl doch irgendwie drin. In mir jedenfalls.

Wenn wir am Meer liegen, in Griechenland, auf Malta oder den Malediven, dann ist meine Freundin damit zufrieden, daß sie braun wird und endlich „Das Parfüm" lesen kann. Aber ich bin nicht zufrieden. Ich habe dann so eine Unruhe, so ein Eroberungsstreben, so ein Gefühl, daß hier in der Nähe eine Grenze sei, auf die ich mich zubewegen muß. Ich surfe, ich tauche, ich schwimme weit raus, und meine Freundin liegt nur da und glänzt fettig. Wenn ich von einer Muräne erzähle, hört sie höflich zu, wenn ich Katzenhaie gesehen habe, weiß sie, daß die ungefährlich sind, und wenn ich mit dem Surfbrett zwei Stunden lang gegen den Wind gekreuzt bin, sagt sie: „Ich hätte doch die Jungs mit dem Boot losschicken sollen, damit sie dich holen." Sie begreift es nicht. Sie kapiert nicht, daß es gerade dieses Erlebnis von Gefahr, gerade die Überwindung einer Schwierigkeit unter Einsatz der ganzen Person, daß es gerade das ist, worum es geht. Wenn ich mit einem Fischer rausfahre, dann findet sie das eigentlich auch romantisch, aber erstens zu früh und zweitens tun ihr die Fische leid. Abends beim Essen dann allerdings nicht mehr. Sie vergißt, daß ich sie im Notfall ernähren könnte, weil ich weiß, wie man sich Nahrung verschafft. Ich solle mich nicht so typisch männlich aufführen, sagt sie immer, wenn das Thema auf den Tisch kommt. Sie verspottet mein Training, hat es aber ganz gern, wenn ich sie vom Wohnzimmer ins Bett trage. Sie trägt mich nie. Und wenn eine Bande von Straßenjungs sie vergewaltigen wollte, weil sie nackt am Strand liegt, dann hätte sie auch nichts dagegen, daß ich sie raushaue. Und die Motorhaube unseres Land Cruisers würde sie auch nur dann aufmachen, wenn sie mit ihrer feministischen Schwester alleine wär! Wenn ich dabei bin, hat sie zu lange Fingernägel oder räumt derweilen das Handschuhfach aus. Es ist also nicht so, daß sie nicht profitieren würde von dieser Männlichkeit, die sie an mir kritisiert. Bloß die Kehrseite der Medaille will sie nicht akzeptieren.

Was ich sagen will, für mich ist das Meer jedenfalls kein großer Swimmingpool, sondern nach wie vor der Rand der Welt. Man muß sich drüber wagen, das Unbekannte suchen, in die Fremde segeln und neue Welten erobern. Wenn ich meiner Freundin sowas sage, dann behauptet sie, das Meer sei das Weibliche schlechthin, wir wollten nur auf die Suche nach unseren eigenen weiblichen Anteilen gehen und was sie daran störe sei, daß wir diese unterwerfen wollten und nicht integrieren. Integrieren, so ein Scheiß. Wenn ich das Meer integrieren wollte, käme ich vom Klo nicht mehr runter. Und wenn ich eine Frau integrieren könnte, würde ich allein leben und im Stehen pinkeln.

Ich habe im Büro ein großes Plakat und da ist nur Wasser drauf. Die unendliche Weite des Ozeans. Ich kann beim besten Willen keine Frau darauf erkennen.

# Das richtige timing ist alles

## *Der Nicht-Yuppie*

Ein Neuntausender-Saab-Turbo, vorwiegend vegetarisches Eßverhalten und all diese italienischen Anzüge aus den englischen Stoffen; die Bulgari-Uhr, das Fischgrät-Parkett, der Steinway und die Labradors; die Kate in der Heide und der Turm in San Gimignano; all das macht noch keinen Yuppie. Ja, zugegeben, in den letzten Jahren hab' ich mich nicht dagegen gesträubt, wenn mich manche meiner Bekannten so bezeichneten. Manche. Es mußten schon die Richtigen sein. Wolfgang mit seinem IG-Metall-Janker und dem penetranten Was-tust-*du*-gegen-die-Zerstörung-der-Welt-Getue gehört zum Beispiel nicht dazu. Aber Inge, die seit viereinhalb Jahren Inka genannt wird, übrigens genau seit der Zeit, in der auch ihre Boutique den Namen wechselte, von „Guevara" zu „Charisma", die gehört dazu. Inka und ihr Dolph haben Stil. Dolph heißt übrigens schon viel länger nicht mehr Rudolf als Ingrid Inka. Oder andersrum. Auf jeden Fall haben die beiden Stil. Wenn auch erst seit kurzem. Erstmal mußten noch die Mastinos, die Sechziger-Jahre-Eigentumswohnung und das Feriendomizil auf Mallorca abgeschafft werden. Mastinos! Da

kann man sich gleich einen weißen 560er mit Spoiler und Monogramm vor die Haustür stellen. Aber jetzt, doch, muß man sagen, sie haben die Lektion gelernt. Der Zwölfzylinder und die Vorliebe für leichten, weißen Landwein aus Apulien weisen sie als lässige Hedonisten aus.

Aber um nicht vom Thema abzukommen, ich bin *kein* Yuppie. Erstens hält sich der Begriff schon viel zu lang, um nicht demnächst aussterben zu müssen, und zweitens sind Yuppies doch irgendwie oberflächliche Materialisten. Steht jedenfalls in den angesagten Blättern zu lesen. Und das trifft auf mich einfach nicht zu. Ich bin weder oberflächlich noch materialistisch. Geld zu haben heißt ja nicht, Geld zu brauchen. Ich könnte jederzeit auf Java mit Stütze leben. Jederzeit.

Und würde ich mich vielleicht an dem alternativen Bäumepflanzprojekt in Eimsbüttel beteiligen, wenn ich oberflächlich wäre? Ginge ich zu Lesungen von Koch und Uli Becker? Hätte ich diese breit sortierte New-Age-Plattensammlung, selbstverständlich alle auf CD, wenn ich oberflächlich wäre? Ein Oberflächlicher hätte gerade mal zwei CDs von Paolo Conte. Ich habe weder nur zwei noch hab' ich die *nur*. Ich habe sie auch. Und ein Materialist hätte nicht letzten Sommer Stonehenge besucht. In dieser Vollmondnacht, als Fritjof Capra auch dort war und spontan ein paar Worte zu den Sinnsuchenden sprach. Es war magisch. Echt magisch. Erlebt man nur einmal, sowas. Packt man beim Schopf oder kriegt die Chance nie wieder. Ein

Yuppie ginge nicht in Jeans in die Met und zöge sich nicht Tosca in der Scala in Sandalen rein. Natürlich keine Birkenstock und natürlich keine Wrangler. Aber trotzdem. Immerhin. Ich bin eben unabhängig. Zeitlos. Ich habe Stil, ohne ein Etikett zu brauchen. Ich brauche keine Uniform. Ich muß nirgends dazugehören. Ein Fixstern bin ich, eine Sonne. Sollen andere um mich kreisen, wenn ihnen der eigene Glanz nicht reicht. Wenn sie noch anderswo was abzapfen müssen. Bitte. Bloß Vorwürfe sollen sie mir nicht auch noch dafür machen, daß sie mich insgeheim bewundern und beneiden. Ich brauche weder ihren Neid noch ihre „Aahs" und „Oohs". Beneiden kann ich mich auch alleine.

Was kann ich denn dafür, daß ich ein Gewinner bin? Ich habe mich weder irgendwo rangeschmissen noch hochgebuckelt, habe niemandes Speichel geleckt und keinen angebettelt. Wenn heute das Telefax täglich den Börsenschluß ins Arbeitszimmer tickert und dabei ein vierstelliges Plus verkündet, dann hab' ich das ganz allein mir zu verdanken. Mir ganz allein und der Fähigkeit zu rechnen.

Wenn mir heute die brasilianische Haushaltshilfe, eine fertig ausgebildete Architektin übrigens, den Schwitters, den Lichtenstein, den Hopper und die Spielzeugsammlung abstaubt, dann bilde ich mir erstens nichts darauf ein und bin zweitens aber auch niemandem Rechenschaft schuldig. Das Verhältnis mit Corazon ist übrigens völlig locker. Sie duzt mich, ich habe ihr schon dreimal ein Essen gekocht und außerdem bekommt sie zwölf Mark auf die Hand. Schwarz. Hierzulande sind zehn Mark üblich, deshalb hab' ich sie auch gebeten, es nicht weiterzusagen. Vielleicht nehm' ich sie demnächst sogar mal in „Cats" mit. Kann man sich ruhig zweimal ansehen, und seit der Premiere sind schon bald drei Jahre vergangen. Und danach spendiere ich ihr Piccata al Limone bei Mario. Da kann sie vergleichen mit denen, die ich ihr kürzlich gekocht habe. Sie könnte eigentlich auch mal nach San Gimignano mitkommen. Allerdings nur, wenn Karen nicht kann. Muß ich demnächst mal unauffällig rauskriegen. Also, was kann ich dafür, daß mir das Pilotenspiel damals tatsächlich eine dreiviertel Million einbrachte? Ich bin als dritter hier in Hamburg eingestiegen. Was kann ich dafür, daß ich gut rechnen kann? Bloß weil einer gut rechnen kann, ist er noch lang kein Yuppie.

Und noch was: Wer jetzt noch ein Yuppie sein will, der kann auf jeden Fall *nicht* rechnen.

# Wer langsam reit', kommt grad' so weit

*Der Schriftsteller*

Du brauchst gar nicht so zweifelnd zu mir herzusehen. Macht dich mein Schweigen unsicher? Gut so. Unsicher kann ich dich noch besser leiden. Benimm dich ruhig so, wie du es für richtig hältst. Ich sag' doch nichts. Ich doch nicht. Noch nicht.

Soll ich meine Energie verplempern, indem ich hier, vor allen Leuten, darauf hinweise, daß du dich anschleimst? Ausgerechnet bei der Frau deines meistgehaßten Kunden. Soll ich ihr vielleicht ein paar von deinen Originalzitaten, ihre Figur, Manieren und vermutlichen sexuellen Mängel betreffend, referieren? Soll ich ihr verraten, daß du der Meinung bist, zwischen ihr und einem Haifisch bestehe der Unterschied einzig und allein in der Genießbarkeit? Für wen hältst du mich?

Oder hätte ich vielleicht an der Tür, als du jovial die Hände riebst, um deinen Mitarbeiter Herrn Soundso mit prachtvoll gespielter Freude zu begrüßen, den Arm um ihn zu legen und über einen Witz, den er garantiert gar nicht gemacht hatte, laut und hingerissen zu lachen, hätte ich da vielleicht sagen sollen: „Ist das *der* Herr Soundso, der in deiner Firma nicht alt wird?"

Hätte ich vorgestern in der Kneipe, als du die Blonde nach Malta einladen wolltest, sagen sollen: „Wenn du deinen Kindern den Unterhalt streichst und deiner Frau die Alimente kürzt, dann kannst du dir das locker leisten?" Nein, mein Lieber. Nicht mein Stil.

Du brauchst gar nicht so mißtrauisch zu schauen. Ich halte mich ausschließlich an meine Grundsätze und deinen Chablis. Meine Grundsätze lauten in etwa so: „Was du sagst zur rechten Zeit, das macht Spaß und bringt dich weit." Ist nicht gerade ein Gedicht, dieser Grundsatz, weder moralisch noch vom lyrischen Gehalt her gesehen, aber mir gibt es eine gewisse Ruhe. Eine gewisse Ausgeglichenheit. So ein inneres „Laß mal".

Bin ich denn blöd? Soll ich deiner Freundin etwa von dem Malteser Busen- und Intelligenzwunder erzählen? Soll ich ihr sagen, daß du noch lange nicht vorhast, mit dir selber klarzukommen, um sie dann endlich, wie versprochen, zum Standesamt zu führen? Sie sagt mir ja auch nicht, was du ihr über mich erzählst. Braucht sie auch nicht. In groben Zügen kann ich mir das selber ausrechnen.

Ja, zwinker mir ruhig zu. Ich bin dein treuer Komplize. Ich finde das alles genauso witzig wie du. Doch, ehrlich. Ich find's echt witzig. Ich zwinker sogar zurück.

Den zweiten meiner Grundsätze kennst du übrigens noch nicht. „Wer zuletzt lacht, lacht am besten." Ja, ich weiß, nicht ganz neu, aber gar nicht so doof. Gibt mir auch so ein inneres „Laß mal".

Hoppla! So was Dummes! Ausgerechnet Ketchup, das kriegst du nie wieder raus. Der Teppich ist schön. Ja, ich weiß, zehntausend Mark und paar zerquetschte, war ein echtes Schnäppchen. Kostet normalerweise leicht fünfzehn, sechzehn. Genau die zehntausend Mark hat er gekostet, die du mir eine Woche vorher nicht leihen konntest, als es für mich Spitz auf Knopf stand. Oh, ich weiß, wann du den gekauft hast. Hab' deine Freundin gefragt. Daß du dich ein Vierteljahr lang nicht mehr melden würdest, nachdem ich dich um die Zehntausend gebeten habe, war mir klar, aber daß es wegen des Teppichs war, weiß ich erst seit einer Stunde.

Laß mal. Zwinker, zwinker. Wir beide wissen Bescheid, was?

Was mein Buch macht? Ich komm' ganz gut vorwärts. Ich glaub' nur, daß ich die Hauptfigur nochmal umschreibe. Nein, kann ich noch nicht verraten. Erst wenn's rauskommt. Ja, ja, geh' ruhig wieder zu deinen Freunden von der Freien Wählergemeinschaft, ihr habt ja einiges zu besprechen, denk' ich. Ich nehme mir noch was von dem Chablis und mach' mir ein paar innere Notizen zu meinem Roman.

*Ein Mann mit einem durchaus berechtigten Minderwertigkeitskomplex, wird es da heißen, vor dem er sich in die triefendste Unwiderstehlichkeit flüchtet. Und vor sich selber flüchtet er, vor seiner allzu dünnen Haut, zu dünn, um all den Abfall, aus dem sein Inneres ausschließlich besteht, auf Dauer zusammenhalten zu können. Eines Tages, denkt er,* wird sie platzen, diese dünne Haut, und ihn als einen Haufen Müll, den sich kein Türke wegzuschaufeln bereit erklären wird, kläglich und stinkend in die Gosse bröckeln lassen. Ein kleiner Stich genügt, denkt er, ein kleiner Stich, und alles fällt. Dann wäre sein Ziel, Baudezernent dieser Stadt zu werden, für immer dahin. Ein Haufen Abfall wird nicht in den Stadtrat gewählt.

Aus dieser Furcht heraus verpflichtet er sich jeden Menschen, mit dem er zu tun hat, teilt kleine unappetitliche Geheimnisse mit ihm und gibt ihm so das Gefühl, der einzige wirkliche Freund zu sein, indem er es an Abfälligkeiten über andere, die ihm „nur scheinbar" nahestehen, nicht mangeln läßt. Undsoweiter undsoweiter.

Wenn ich mich beeile, ist das Buch bis zur Wahl draußen. Ja, ein Schlüsselroman. Nimm es als Kompliment.

# Elektrolurch

*Der, der das Natürliche liebt*

Was sagst du? Ich solle mit meinem bornierten Bio-Geschwafel aufhören? Solle mir, bevor ich ein klassisches Orchester im Vergleich zu einer Rockband als leise bezeichne, mal die in der ersten Reihe gemessenen Phonzahlen eines Tuschs geben lassen? Solle mir mal Gedanken machen, worin

der prinzipielle Unterschied zwischen einem Tonabnehmer und einem Mikrofon besteht, bevor ich das Folkfestival als akustisch bezeichne, und sobald ich einer E-Gitarre ansichtig würde, „Elektro-Elektro-Hilfe-Verderben" schrie? Solle mir mal überlegen, wie authentisch der Ethno-Beat noch von der Schallplatte kommt und wieviele böse Computer man braucht, um all die guten Umwelt- und Soziologiestatistiken auszurechnen, aus denen man erst erfährt, wie böse die Computer sind? Mit welchem Transportmittel der Bio-Bauer seine Demeterfuhre auf den Markt bringt? Diesel? Weißt du was? Blas mir doch in' Schuh mit deinem ganzen systemkonformen Optimismus-Scheiß. Du bist doch ein Roboter, den man darauf programmiert hat, sich für einen lebendigen Menschen zu halten. Denken nennst du das? Du wirst noch'n paar Inkarnationen brauchen, bis du weißt, was Denken ist. Ganzheitlich denken, mein ich, nicht so eingleisig und strahlemannmäßig. Ja ja, du mich auch.

# Inst-Allah

## *Der mit dem Avantgarde-Problem*

Eine Freundin meiner Frau hat bei sich zuhause über vierhundert Kunstbücher, Ausstellungskataloge und Bildmonografien. Ich interessiere mich sehr für Kunst, und meine Frau interessiert sich sehr dafür, sich dafür zu interessieren. Das heißt, sie findet es toll, wenn man sich für Kunst interessiert. Komischerweise allerdings findet sie es nicht toll, daß *ich* mich dafür interessiere, es imponiert ihr nur bei anderen. Was zog sie damals für ein Gesicht, als ich mit ihr in die Staatsgalerie wollte. Sie ging mit und schnaufte bei Bacon: Eklig, sagte sie, widerlich, wieso malt man sowas, und bei Pollock, den ich selbst nicht besonders mag, sagte sie, das nähme sie nicht mal als Tapete, geschweige denn als Bild ernst. Dali, Van Gogh und Gaugin waren dann die Maler, auf die wir uns einigen konnten. Aber leuchtende Augen bekam sie erst wieder in der Calwer Passage bei Rodier, Hermes, Cartier und Lagerfeld. Das waren die Signaturen, für die *sie* sich begeistern konnte.

Schön, dachte ich also, als sie mir von ihrer neuen Freundin erzählte, und ging mit. Kunstbücher sammelt sie, ist ja toll, und dann sind wir da, ich liefere meinen Blumenstrauß ab, und von der ersten Minute an merke ich, daß ich Luft bin. Ein paar Stichworte darf ich loswerden, das ist alles. Wenn ich einen Blick von dieser Freundin auffange, dann ähnelt der dem eines Biologen, der vom Versuchskaninchen jetzt endlich wissen will, ob die Enthaarungscreme Nebenwirkungen hat oder nicht. Tödliche Nebenwirkungen, versteht sich. Auf deutsch: Dieser Blick sagt jedesmal kurz und bündig: Wieso bist du nicht tot?

Meine Frau amüsiert sich prächtig, die Gesprächsthemen gehen nicht aus. Ob die Freundin die Fotos im Zeitmagazin gesehen habe von den Inseln, die Christo verpackt hat? Und ob die Freundin eine Art Schaudern verspürt habe, als sie bei der Documenta vor dem vertikalen Erdkilometer stand? Sie, meine Frau, stelle sich nämlich eine Art Schauder vor bei dem Gedanken, daß da ein kilometertiefes Loch in die Erde reingehe. Und wie die Bäume von Beuys auf sie, die Freundin, gewirkt hätten? Ja genau, eine Art Schauder sei es gewesen, sie, die Freundin, hätte das selber jetzt gar nicht so ausdrücken können: genau, eine Art Schauder. Oder so was wie ein Frieren, und die Bäume von Beuys …

„Geht mir auch so“, schalte ich mich ein, „beim Gedanken an einen fünfmarkgroßen Abgrund. Doch. Schaudert's mich echt. Vielleicht waren die einzigen, die es nicht geschaudert hat, der Besitzer der Bohrfirma und seine nervösen Kreditgeber.“

Bist du überhaupt ein Kaninchen, sagt ihr Blick,

oder warum wirkt die Creme nicht? Und der Blick meiner Frau sagt, ich nehm' dich nie wieder mit. Ich widme mich dem Rioja, den mir die Freundin, soweit wenigstens höflich, nachschenkt und halte mich dem weiteren Gespräch dadurch fern, daß ich mir einen Bildband aus dem Regal hole, den ich intensiv studiere. Das heißt, ich will, aber es ist unmöglich, denn ich höre zu. Die Freundin sagt gerade: „Also Jackson Pollock find' ich *g a n z* toll." Und meine Frau sagt: „Jaah Pollock, oh ja." Die Freundin sagt: „Er ist fast schon informel". „Fand ich auch", sagt meine Frau. Die Freundin erzählt von vier Steinquadern in einem Raum, die wahnsinnig intensiv gewesen seien, von einigen Stecken, die, schief an die Wand eines anderen Raumes gelehnt, so etwas Melancholisches gehabt hätten, und von einer begehbaren Raumplastik aus Metallscheiben, und weil die rostig gewesen seien, habe man so richtig die Dimension Zeit gespürt.

„Im Raum", murmle ich, kaschiere aber den Ausspruch sofort mit einem nachgereichten Hüsteln, obwohl das nicht nötig war, denn die Freundin scheint diese Bemerkung ausnahmsweise für klug zu halten. „Im Raum", sagt sie, „Zeit im Raum. Wahnsinnig intensiv."

Ich hole mir einen anderen Kunstband aus dem Regal, denn geschlachtete Hühner und Räume voller Brot geben mir im Augenblick nicht so viel. Die Freundin erzählt jetzt von einer weiteren Installation, oder sei es ein Environment gewesen, sie wisse noch nicht genau den Unterschied von Installation und Environment ... Ich sage: „Wenn ein Fernseher drin vorkommt, ist es ein Environment, nackte Frauen, Rezitationen und Geigen deuten auch auf Environments hin, wohingegen eine Installation eher so eine Art Innenskulptur mit allenfalls kinetischen, aber nie theatralischen Elementen darstellt. Was jetzt allerdings nicht heißen soll, daß das Wohnzimmer hier eine Verbindung aus Installation und Environment darstellen würde. Höchstens, Sie nehmen Eintritt und versichern es hoch."

Ich bin wieder ein Kaninchen geworden. Ein unbotmäßiges, das man jetzt endgültig vor die Alternative stellt, entweder in die Wissenschafts- oder in die Kochtopfgeschichte einzugehen. Auf jeden Fall aber einzugehen. Ich glaube, ich wackle sogar mit den Ohren.

„Möchtest du nicht schon vorausgehen?" fragt meine Frau.

„Doch", sage ich „und vielen Dank für den netten Abend", nehme meine Jacke und atme draußen die befreiend kühle Abendluft. Ich werde vorausgehen, und zwar viel weiter als sie denkt.

Zuhause packe ich mein Waschzeug und nehme die Klimt-Reproduktion von der Wand. Der Kuß. Hat sie mir zum Geburtstag geschenkt. Fand sie so *toll*. Als ich bei Werner klingle, öffnet er zwar mit muffigem Gesichtsausdruck, aber ich weiß, daß er sich freut. Hat mir immer wieder angeboten, bei ihm zu wohnen. Werner ist Maler. „Was soll der Scheiß in meinem Haus?" fragt er mit Blick auf den Klimt.

„Das ist kein Scheiß", sage ich, „aber wenn du willst, schmeißen wir's weg." Ich stopfe den Druck in einen seiner großen Papierkörbe und er lächelt beifällig, während er eine Flasche Chianti entkorkt.

„Ich müßte morgen mal deinen Bruder sprechen", sage ich. Sein Bruder ist Anwalt.

„Im Bad läuft kein Wasser, das mußt du aus der Küche holen", ruft er mir später hinterher. „Die Installation in diesem Haus ist die reinste Katastrophe."

100
ADAC
I
MONI

# Karl-Heinz und Bobby McGee

*Der ausgestiegene Lehrer*

Freedom's Just Another Word for Nothing Left to Loose – die Kassette hat mich begleitet vom Käfer in die Ente, vom Peugeot 404 in den VW-Campingbus. Erst kürzlich hab' ich noch für Moni eine Kopie gezogen. Auf dem Doppelrecorder meines Sohnes. Sind ja auch die andern Hymnen drauf. Whole Lotta Love, Street Fighting Man, Jailhouse Rock und Nights in White Satin. Allerdings frißt der Recorder in Monis Panda reihenweise Bänder, man weiß also nicht, wie lang das Kleinod halten wird. Jedenfalls, es war ein langer Weg.

Ich hätte damals sogar fast Berufsverbot gehabt. Aber ja! Wenn ich's doch sag'. Es ist nur deshalb nicht so weit gekommen, weil dieser RCDS-Spitzel sogar für einen Systemknecht zu dämlich war. Hat einfach „Schmitt" notiert, als am KBW-Stand die Aufrufe gegen die Isolationsfolter verteilt wurden. Und Schmitt hießen zufällig sechs Leute in meinem Fachbereich. Tja, Pech für den Verfassungsschutz. Mein Gott, der harte Kern vom Asta, wie lang ist das her.

Seit vierundachtzig kann mich jedenfalls der Staat im allgemeinen und das Kultusministerium im besonderen. Kreuzweise. Aber voll. Und die Blagen erst recht. Die waren ja letztlich das Schlimmste am ganzen Beruf. Blöd wie sonstwas, schon total vereinnahmt vom System und dann noch nicht mal in der Lage, ihren Fürsprecher, jawohl Fürsprecher, den Sachwalter ihrer ureigensten Interessen zu erkennen. Genervt haben sie mich, Streiche, Krach und blasierte Spielchen veranstaltet. Mit ihren Popper-Golfs meinen Wagen in den Dreck geschoben, bloß weil ihnen die Aufkleber nicht paßten. Als hätte sich nichts geändert. Als wäre *ich* genauso wie meine Lehrer *damals*. *Das* war noch Rebellion. Gegen das menschenverachtende Schulsystem mit seinem Leistungs- und Anpassungsdruck. Klar, das Schulsystem ist nicht *sooo* viel besser geworden, aber ich war doch auf ihrer Seite. Diese Deppen haben nichtmal bemerkt, daß ich auf ihrer Seite war. Haben mich einfach behandelt, als wäre ich einer der üblichen Lehrplandurchpeitscher und Ferienabwarter. War ich doch gar nicht. War mit ihnen in der Disco, hab mit ihnen Arbeitsgruppen gemacht. In meiner Freizeit. Na ja, jedenfalls konnten sie nicht wissen, daß ich mir die Zeit von der Stundenplankommission vergüten ließ. War mit ihnen im Kino, hab' versucht, mit ihnen Dario Fo zu lesen. Ach, was soll's.

Das Blöde ist nur, die Ablaugerei, die ich derzeit mit zwei Ex-Kollegen betreibe, fängt an, unter der Ikea-Mode zu leiden. Ausgerechnet Ikea. Das war mal der Inbegriff des ehrlichen Wohnens. Plötzlich wollen die Leute bloß noch Lack. Kein Naturholz mehr. Die Kneipe auf Kreta kann man inzwischen auch vergessen. Hätte man früher anleiern müssen. Jetzt läuft da nichts mehr. Obernichts. Sich in den touristischen Wahnsinn einzuklinken, ist eh nicht mehr vertretbar. Auch und gerade im alternativen Bereich. Aber seit Moni mit ihrem Gestalt-Therapeuten „ernsthaft eine Beziehung in Betracht zieht", hab' ich eh keine Lust mehr.

Eigentlich fast schade, das mit Moni. Sie ist total unfähig, Konflikte produktiv auszutragen. Wechselt lieber den Standort als den Standpunkt. Zieht lieber um, als mal so richtig vom Leder. Unreif. Aber kein Wunder bei der Familie, aus der sie kommt. Mutter höhere Tochter, Vater Berufsoffizier, halten sich für was Besseres und versuchen, das der Tochter noch heute einzureden. Dabei hat sich Moni so toll auf meinen Sohn eingelassen. Richtig dicke Tunke war das mit den beiden. Hab' ich mir übrigens gleich gedacht, daß dieser Gestalt-Schmierlappen sich mit seinen Flamenco-Koteletten bei ihr einbaggern würde.

„Paranoia" hat sie gesagt, und sie könne nicht atmen, wenn ich sie dauernd mit meiner ödipalen Verlustangst bedrohe. Hätte mich die Umweltinitiative nicht dermaßen psychisch aufgefangen, dann wär' ich womöglich jetzt noch nicht drüber weg.

Ein Fahrradladen wär' 'ne Möglichkeit. Könnte Pedalix heißen, oder Speichenkollektiv. Der Fahrradboom ist jedenfalls ungebrochen, und die umweltpolitische Relevanz ist über jeden Zweifel erhaben. Da kann der Spiegel noch so viele Pamphlete über die Schädlichkeit der Mountain-Bikes bringen, Abgase produzieren sie jedenfalls nicht. Es sei denn, der Fahrer ißt Bohnen. Allerdings bräuchte man Startkapital, und mit Gerd und Holger ist sowas nicht zu machen. Ist ihnen nicht „Bio" genug.

Aber apropos: Wieso keine Gärtnerei?

Müßte man nur das Demeter-Siegel kriegen. Einen Pleite-Hof aufzutreiben kann derzeit nicht schwer sein. Vielleicht sogar noch als viehwirtschaftlichen Betrieb übernehmen und dann die Flächenstillegungs-Knete kassieren. Muß ich unbedingt mal mit den beiden besprechen.

Allerdings, die Zeit ist knapp. Im Januar läuft meine Beurlaubung ab, und ob das Oberschulamt nochmal vier Jahre raustut, ist fraglich. Das System läßt einen nicht so schnell aus den Krallen. Bis Januar ist noch ein Dreivierteljahr. In der Zeit kriegst du keinen Hof gekauft, keine Subvention abgegriffen und keine Gärtnerei mit Demeter-Siegel aufgebaut. Geschweige denn amortisiert.

I would trade all my tomorrows for a single yesterday, hol... Jetzt gibt der Scheiß-Recorder auch noch den Geist auf.

# Kein Kind von Traurigkeit

## *Der mit den Sprüchen*

„Tschüssikowsky", ruft er in den Hausgang und ich erwarte fast, einen Knall zu hören. Seit Wochen gefällt mir der Gedanke, dieses Tschüssikowsky wäre der Tropfen, der das Faß zum Überlaufen bringt, wäre das ein-, zwei- oder dreitausendste Tschüssikowsky aus seinem immer fröhlichen Mund, und genau dieses Tschüssikowsky warte seine Frau ab, um sich zu erschießen. Aber ich höre keinen Knall. Er knallt sogar nicht mal die Tür meines Wagens zu, denn inzwischen kennt er sich mit Mercedestüren aus. „Hallöchen", sagt er, „ab geht die Post mit dem guten Stern auf allen Straßen."

Daß er die Tür nicht knallt, könnte allerdings auch daran liegen, daß er gestern abend seiner Oma ihr klein Häuschen versoffen hat und nun seinem Kopf zuliebe mit Geräuschen und Bewegung spart. Wenn er doch nur auch sparen wollte mit dem, was er Humor nennt.

Seit ihm die „Freunde und Helfer" den Führerschein abgenommen haben, wegen „Zivilcourage im Sinne Kennedys", wie er es ausdrückt, fährt er mit mir zur Arbeit. Jeden Morgen. Mit „Zivilcourage im Sinne Kennedys" meint er übrigens das Fahren auf einer Einbahnstraße in Gegenrichtung über zwei rote Ampeln mit zwei komma zwei Promille. Er haut auf meine Hupe, als vor uns ein Fahrer mit Hut (tut selten gut) die Geschwindigkeitsbegrenzung einhält und kurbelt das Fenster runter, um einer neben uns stehenden Frau am Steuer (das wird teuer) seine scheinheiligen Honneurs zu machen. Als ich endlich einparke, schaut er betont hilfreich nach hinten und sagt: „Wenn's knallt, noch'n Meter", um dann auszusteigen und mir zuzurufen: „Den Rest bis zum Bordstein gehen wir zu Fuß."

Unseren Hausmeister, Hans Bronner, begrüßt er mit den Worten: „Was machst du mit dem Knie, lieber Hans?", als der, wie immer hinkend, durch die Halle kommt. Im Fahrstuhl sagt er: „Der hat heut' morgen auch wieder vor dem Spiegel gestanden und gesagt: ‚Den kenn' ich nicht, den wasch' ich nicht.'"

Ins Vorzimmer tritt er mit dem Refrain des Liedes „Guten Morgen, liebe Sorgen, seid ihr auch schon alle da", begrüßt die Sekretärin Frau Witzig mit „Hallo Trauerkloß, schon Käffchen bereitet?" und fügt wie jeden Morgen seine James Bond abgeschaute Vorstellungszeremonie „Kaulbach, Günter Kaulbach" hinzu. Das allgemeine Zusammensakken, mit dem jeder, der ihn kennt, sein Auftauchen quittiert, nimmt er als Beifall, denn er weiß, daß er gut ist.

„Ach ja, Donnikowsky, hätt' ich fast vergessen", sagt er und geht zur Kaffeekasse: „Zahlemann und Söhne."

„Apropos Trauerkloß", höre ich ihn ansetzen, als ich die Tür hinter mir schließe, „kennen Sie den? Kommt'n Mann zum Arzt ..."

Auf der Treppe nach oben glaube ich nun doch das weit entfernte Geräusch eines Pistolenschusses zu hören. Kann das sein? Eigentlich nicht. Von der Bergemannstraße bis hier sind es fast zwei Kilometer. Aber weiß man, was in den Menschen steckt? Vielleicht gibt es eine Reserve an Fähigkeiten. Für Härtefälle. Vielleicht hab' ich für diesen einen Härtefall Teleskop-Ohren und höre einen Schuß, diesen einen, einzigen Schuß, von der Bergemannstraße bis hier.

Wenn es stimmt, dann ist es jedenfalls traurig. So mausetot seine Frau auch sein mag, sie hat auf jeden Fall danebengeschossen. Auf ihrem Abschiedsbrief steht vermutlich: „Tschüssikowsky". Und vielleicht noch der Zusatz: „Und Söhne".

# Koordination und schlechte Luft

*Der anspruchsvolle Musikhörer*

Daß sich ein startendes Cabrio, gleich welcher Marke, mit Sibelius nicht verträgt, war von vornherein klar. Und damit war das Eckzimmer zur Straße schon mal gleich raus aus den Möglichkeiten. Das andere, im Plan unter „Kind Zwei" geführte, geht zum Eiscafé und schied auch sofort aus, denn die Preziosen von Bartók oder der heilige Glenn Gould können nicht gleichzeitig mit „Maledetta Primavera" oder „Azurro" genossen werden. Thermopane hin oder her. Blieb noch das als Schlafzimmer konzipierte Kabuff, das zum Innenhof rausgeht, für die audiophile Anlage übrig. Leider war das etwas zu klein. Aber mit einiger Raffinesse, kleineren Boxen und einem Subwoofer, direkt unter dem Regal mit den Partituren, war dieses Problem in den Griff zu kriegen. Natürlich kosteten die kleineren Boxen das Doppelte der alten, die ich wiederum nur zu einem Drittel ihres Wertes verkauft bekam. Den Subwoofer hab' ich mir allerdings schon lang gewünscht, und wie heißt es so schön im Volksmund? „Dreimal umgezogen ist wie einmal abgebrannt." Stimmt. Im neuen Volvo muß es jedenfalls die alte Anlage noch ein Weilchen tun.

Dieses Zimmer nun ist nicht nur klein, sondern hat auch noch den Nachteil, direkt ans Dach zu grenzen. Jetzt kommt die Katze von oben jeden zweiten Tag, um Jagd auf den lustigen Tonarm zu machen. Man müßte das ignorante Vieh nur einmal hochkant aus dem Fenster schmeißen. Dann wär' Ruhe. Macht einer Katze ja gar nichts aus. Die können ja aus dem fünften Stock fallen und quietschfidel weiterspielen. Aber ich bring' das nicht übers Herz. Wer Musik liebt, liebt auch Katzen. Das ist nun mal so. Bleibt also nur, das Fenster auch im Hochsommer geschlossen zu halten und sich schwitzend und bei schlechter Luft in die Klänge der Maestri zu versenken.

Aber sonst ist diese Kleinstadt schön. Eine echte Idylle, in der es sich nicht jeder leisten kann zu wohnen. Der mittelalterliche Stadtkern ist schön restauriert, die Sparkasse macht anspruchsvolle Ausstellungen und im Sommer wird die Burg bis zwölf Uhr nachts beleuchtet. Auch die Einwohner sind angenehm. Schon zwei Wochen nach dem Einzug grüßten mich die Ladenbesitzer mit Namen, bald hatte man meine Zigarettensorte vorrätig und diesen zwanzigjährigen Whisky am Lager. Die überregionale Tageszeitung liegt für mich bereit, wenn ich den Laden betrete und der Buchhändler weiß mittlerweile, was ein Libretto ist. So schön und so beliebt ist die Stadt, daß sich vor einem Jahr die Einzelhändler zusammengetan haben, um einen Leierkastenmann zu engagieren. Der kurbelt seither das ganze Jahr, sobald sich irgendwo eine kleine Ansammlung von Menschen gebildet hat, sein Repertoire von Lily Marleen bis zum Hamburger Veermaster ab. Ist doch nett sowas.

Leider kommt er auch gern beim Eiscafé vorbei und beim vierundfünfzigsten „Ho-Boys-Ho" kommt man dann doch ins Grübeln. Aber das muß verkraftet werden. Das ist der Preis für die Lebensqualität. Schwerer zu verkraften sind die Musikvereine, die jeden Sonntag aufspielen. Zwar intonieren sie schon mal ein Stück von Bizet, aber sie halten es für „Schöne Maid" oder sowas ähnliches. Es klingt jedenfalls wie Schöne Maid. Und dann das ganze volkstümliche Blech rauf und runter. Es geht bis zu (gelungenen) Vergewaltigungsversuchen von „In The Mood".

Ach, wenn es doch nur ausschließlich an Sonntagen wäre, das ginge ja noch. Leider aber treten sie, in Konkurrenz miteinander und bei jeder Gelegenheit zu tonaler Verunzierung der Atmosphäre bereit, bei allen sich bietenden Gelegenheiten in Erscheinung. Honoratiorengeburtstag, Ladenjubiläum, Eröffnung eines neuen Teilabschnitts der Fußgängerzone, Stadtfest, Annafest, Weinfest, Flohmarkt, Oldtimertreffen, Erster Mai, Vatertag, Muttertag undsoweiter undsoweiter. Gerne auch gleichzeitig, nur durch eine, natürlich schalldurchlässige, Häuserreihe voneinander getrennt.

Sonntags böte das Thermopane ja noch ausreichenden Schutz. Man muß ja nicht rausgehen. Aber werktags? Schließlich gehen einem auch mal die Zigaretten aus.

Ein Mensch, der Musik liebt, kann nicht weghören. Auch und gerade, wenn es sich um Musik handelt, die er ganz und gar nicht liebt. Die einmal errungene Sensibilität ist nicht mehr einfach abschaltbar, wenn sie mal ungelegen kommt. Und ein Mensch, der Musik liebt, kann nicht asynchron zum Takt der Märsche, Polkas und Schlager *gehen*. Das *kann* ein musikalischer Mensch nicht! Wer einmal ein Gehör hat, der geht auch im Takt.

Wenn mit Blaskapellen zu rechnen ist, nehme ich regelmäßig eine der weniger frequentierten Straßen hintenherum. Da sieht es wenigstens keiner.

Ich freue mich diebisch über jeden Landregen.

# Trost und verwandte Sportarten

## *Der Sensible und das Männermagazin*

Daß ich nichts gegen Frauen habe, versteht sich von selbst. Aber, das klingt jetzt vielleicht komisch, gerade deshalb hab' ich was gegen Frauen in bestimmten Positionen. Zum Beispiel hab' ich was gegen Frauen als Zeitschriftenverkäuferinnen. Da wär' ich jetzt für die Quotenregelung. Als Hinführung zur *Reduktion* des Frauenanteils. Ausgerechnet hier aber sind sie überrepräsentiert. Am Kiosk wäre der Mann gefragt. Dann hätte man die Chance, beim Kauf von, sagen wir mal „problematischer" Lektüre, an einen verständnisvollen Geschlechtsgenossen zu geraten. Oder sollte ich lieber Geschlechtskomplize sagen?

Wann sieht man mal einen Mann in einem Zeitungskiosk? Kann man an einer Hand abzählen. Schreinerhand. Alter Schreiner. Drei Finger Maximum.

Das hier ist jedenfalls schon der dritte Kiosk, an dem ich mir den Anschein gebe, das Zeitungsangebot zu studieren. Das ziellose Stöbern im Angebot des Hoteltresens nicht mitgerechnet. In Wirklichkeit studiere ich die Verkäuferinnen. Die ersten beiden sahen zu nett aus. Die zweite ähnelte sogar

SPORT
FOTO
CAMERA
ART
ST. PAULI
DETLEF
LUI
natur
TITANIC
BIG!
SEX SEX
Q
OZON
OBEN
ADAM
stern
OZON
OHNE
ENDE
BILD
CHAOS
AIDS!
SOMMER
MO
DE

meiner Schwägerin. Doch, sie hatte was von ihr. Diese hier hat wenigstens was von Anneliese Rothenberger, das verlagert den seelischen Konflikt mehr so aufs Mutter-Sohn-Gebiet. Von Müttern kann man eher Verständnis für gewisse unterleibliche Schwächen erwarten. Die sind immer auf seiten ihrer Söhne. Sie halten niemals zu deren Frauen. Außerdem hat man Mütter inzwischen überwunden. Oder hat die eher was von Carolin Reiber? Margret Thatcher, Annemarie Renger, Renate und Werner Leismann? Egal, sie geht auf jeden Fall mehr ins Klinisch-Praktische. Vom Typ her. Aber auch sie hat die Herrenmagazine nicht vorn in der Auslage, sondern von innen gegen das Fenster geklemmt. So daß jeder laut und deutlich sagen muß: „Ich hätte gern dieses frauenverachtende Vergewaltigerblatt hier."

Warum tun die das? Aus christlich-moralischen Gründen, oder eher frauenbewegt? Wollen die jedem ins Gesicht sehen, der sowas kauft? Womöglich noch laut den Titel des Magazins wiederholen, damit die Umstehenden auch was davon haben? Entsetzlich. Oder machen sie heimlich Statistiken? Ein Mann, ein Mann, ein Königreich für einen Mann. Ich würde jederzeit ein paar Mark mehr bezahlen, allein dafür, daß mich ein Mann bedient. Ich würde sogar ein verständnisvolles Augenzwinkern hinnehmen, oder ein gemurmeltes „unrasiert und fern der Heimat, was?" Obwohl ich, was dieses Thema betrifft, kein Freund von Verbrüderungen bin.

Eine Verkäuferin würde zwar bestimmt keine Bemerkung machen, aber wer weiß schon, was sie denkt? Vor allem ließe sie sich garantiert nicht täuschen, wenn ich jetzt gleich drei Zeitschriften nähme. Ambiente, Auto-Motor-Sport und dann noch diese hier. Keine Chance. Der durchdringende Blick oder das Häkchen auf der Statistik wäre mir sicher. Und selbst, wenn sie mich nicht ansähe. Ich wüßte doch, daß sie Bescheid weiß. Den völlig Naiven zu spielen, hat keinen Sinn. „Haben Sie diese Zeitschrift, Soundso, oder wie die heißt", das nützt nichts. Diese Frauen sind mit allen Wassern gewaschen. Machen den ganzen Tag nichts anderes als Marktforschung.

Jetzt hab' ich die Idee! Ich nehme alle auf einmal. „Geben Sie mir die und die und die und, ach ja, da ist ja noch so eine, die bitte auch." *Nun m u ß* sie denken, ich mache eine vergleichende Untersuchung oder sowas. Genial.

Aber jetzt hab' ich vier Stück von diesen Dingern. Die passen kaum ins Attaché-Case. Hätte ich doch den Pilotenkoffer mit Geheimfach genommen. Kein Bedarf, hab' ich damals gedacht, jetzt hab' ich den Bedarf. Und was ist, wenn ich nachher was rausnehmen muß? Was denken die anderen Tagungsteilnehmer, wenn sie aus den Augenwinkeln meine ganze Sammlung von Miss-Hochglanz-Blättern aus dem Koffer quellen sehen? Ich hab' keine andere Wahl. Ich finde garantiert keinen unbeobachteten Papierkorb, der mir den Überschuß gnädig abnehmen könnte. Muß vor dem Vortrag nochmal ins Hotel. Hoffentlich treffe ich wenigstens keinen Kollegen unterwegs, denn was könnte ich schon vergessen haben, daß ich in die falsche Richtung gehe. Zehn Minuten vor Beginn der Veranstaltung.

Und dieser ganze Streß bloß wegen des Interviews mit Iaccocca. Darum geht es mir nämlich in erster Linie. Und der literarische Teil soll auch nicht schlecht sein. Die *B i l d e r* jedenfalls, die überblättere ich eh. Zumindest außerhalb des Hotelzimmers. Die Gideons-Bibel bietet nur anderen Trost.

Und was denkt das Zimmermädchen, wenn sie morgen die Nachttischschublade öffnet? Zumindest wird sie diesen koketten Augenaufschlag von heute vormittag innerlich wieder zurücknehmen. Und alles, was sie damit in mir an erregenden Vorstellungen ausgelöst hat. Und wer kriegt eigentlich die Meldezettel zu Gesicht?

# The Bier und Bargeld Stompers

*Der mit der Honorarforderung*

Es ist jedes Jahr dasselbe. Mitte Oktober klingelt das Telefon und es meldet sich ein Herr Faller vom Kulturamt Sprockhövel oder ein Herr Sagldinger von der Passauer Volkshochschule. Kann auch ein Herr Wilmersen aus Eckernförde oder Eisele aus Plattenhardt oder alle vier sein. Es ist auf jeden Fall immer ein Herr und immer eine kulturelle Einrichtung der öffentlichen Hand. Die öffentliche Hand zittert aus Furcht vor Entzug. Der Kulturetat, mit dem man dieses Jahr wieder ein bißchen zu restriktiv umgegangen ist, da man nicht wußte, ob die Jugendgruppe aus der Partnerstadt den Theater-, Zoo- und Schwimmbadbesuch nun vom Verkehrsamt oder vom Kulturamt bezahlt kriegt, und dann hat aber der örtliche Industrielle mit Blick auf Europa kurzentschlossen die Mäzenatenschaft übernommen, und außerdem ist die „Nacht der Poeten", wegen eines Einspruchs der Freien Wähler, ausgefallen, also der Kulturetat jedenfalls muß jetzt noch verbraucht werden, sonst wird er fürs nächste Jahr nicht in derselben Höhe bewilligt.

Ich bin Jazzmusiker. Die Stunde der Jazzer schlägt immer um Mitte Oktober herum, wenn sich der Kulturbeauftragte fragt, was er dieses Jahr noch nicht hatte. Bauchtanz, Dichterlesung, Töpferkurs und ein Rockkonzert mit Alphaville haben allesamt schlecht besucht, aber gut bezahlt, stattgefunden. Was fehlt ist, wie immer, noch Jazz für dieses Jahr.

Als Jazzmusiker gibt man sowieso mindestens Unterricht, besser noch ist es, man hat einen „richtigen" Beruf, um sich die Musik leisten zu können. Wenn man einen richtigen Beruf hat, legt man tunlichst den Urlaub auf November, denn bis einen das Goethe-Institut mal nach Asien schickt, kann man lange warten. Der November ist der Monat des Etat-Verbratens, und ich habe aus Erfahrung vor vier Jahren mein Trio „Octember Variations" ins Leben gerufen. Wir sind alle drei international renommierte Jazzer, haben unzählige Platten aufgenommen, Preise gewonnen und Tourneen von Göteborg bis Abu Dhabi gemacht, wir stehen in den einschlägigen Lexika und haben mit den berühmtesten Musikern gespielt. Der Bassist ist Architekt, der Schlagzeuger schreibt Kinderbücher und ich unterrichte an einer Jugendmusikschule. Für Octember Variations bin ich die Anlaufadresse, also das Management. Diesmal ruft, schon am vierten Oktober, ein Dr. Golz aus Waldshut an. Ob wir mit der Oktobervariation im November an einem Sonntagvormittag um elf Uhr spielen könnten. Octember, sage ich, nicht Oktober. Ja, November, sagt er, jeder Sonntag sei recht, bloß im November müsse es sein. Er wisse, das sei jetzt sehr kurzfristig, aber er würde sich sehr freuen undsoweiter undsofort. Ich biete ihm den zwölften November an, für den elften habe ich schon im Juli einem Herrn Storz aus Olpe zugesagt. Da müssen wir zwar die Nacht durchfahren, aber erstens sparen wir das Hotel und nutzen zweitens den Wochenendtarif für Anlage und Auto besser aus. Das sei ihm jetzt peinlich, sagt er, aber er habe nicht mehr so viel Geld zur Verfügung, ob wir denn einen Sonderpreis machen könnten, weil es doch auch am Vormittag sei, da könnten wir abends ja noch woanders auftreten, ja, er wisse, daß wir große Namen seien und das habe seinen Wert, aber seine Mittel seien halt begrenzt und was wir denn verlangen würden ...

Meine Octember-Erfahrung sagt mir, daß jetzt der heikle Moment gekommen ist. Setze ich unsere Gage auch nur um hundert Mark zu hoch an, dann sagt er, er rufe zurück, müsse das noch besprechen, wisse, daß der Preis angemessen sei, aber ... und dann ruft er nie zurück, sondern jemand anders an, den er für billiger hält. Andererseits weiß ich nicht, wieviel er zahlen kann und möchte natürlich das Beste für uns herausholen. Ich entgehe diesem Dilemma meist, indem ich frage, was er sich denn leisten könne. Das ist natürlich nicht sehr geschickt, aber ich hasse diese Handelei sowieso. Ich bin Musiker, kein Verkäufer.

Er sagt, also achtzehnhundert etwa, das ginge grade, mehr könne er leider nicht. Ich sage, na ja, um Ihnen aus der Patsche zu helfen, aber sagen Sie es nicht weiter, denn es ist ein Dumpingpreis. Gut, sagt er, schicken Sie mir also den Vertrag, ich freue mich undsoweiter.

In den Vertrag schreibe ich, daß die Mehrwertsteuer extra geht, denn sonst hätten wir nochmal zweihundertfünfzig Mark verloren. Es bleiben sowieso nur etwa dreihundertfünfzig für jeden übrig, wenn Sprit, Miete, Essen und das Honorar für den Tontechniker abgezogen sind. Als der Vertrag zurückkommt, sehe ich mit Befriedigung, daß er das widerspruchslos geschluckt hat.

In der Nacht zum zwölften November schlafen wir abwechselnd und gönnen uns zwei ausgiebige Raststättenstops. Der Abend in Olpe war gut bezahlt und schlecht besucht, die Veranstaltung wurde vom Amt für Jugend, Kultur und Öffentlichkeitsarbeit mit etwa neunzig Mark pro Besucher subventioniert. Jugend war gar keine da, Öffentlichkeit wenig, aber Kultur gab es reichlich. Darin sind wir gut. Immerhin gab es zwei analytische Amateure, die uns derart auf die Finger schauten, daß zumindest mir so manche Quintole zum heimlich verlängerten Vierteltakt geriet. Solche Zuhörer wirken wie der Bankangestellte, dessen Blick einen dazu bringt, die eigene Unterschrift auf dem Scheck nicht mehr hinzukriegen. Die kucken einem tatsächlich was weg.

Heute in Waldshut wollen wir nicht zu früh da sein, nicht vor zehn, sonst riskieren wir, am Spielort einzuschlafen. Aufbau, Soundcheck und Konzert müssen nahtlos ineinander übergehen. Wir wollen auch dort keine Minute zu lange bleiben, denn wir sind uns ziemlich sicher, daß die Veranstaltung als Jazz-Frühschoppen angekündigt sein wird, und das bedeutet, daß eine Menge bärtiger Spätvierziger sich vor dem Mittagessen besaufen will und unter Jazz etwas ganz anderes versteht als wir.

Genau so kommt es auch. Sogar noch schlimmer, denn wir können nicht einmal sofort nach unserem Auftritt abbauen, weil Frl. Müllers Viertele Stompers direkt nach uns spielen und die Bühne blockieren.

Das bedeutet, daß wir nicht nur diesen Bierjazz der übelsten Sorte anhören müssen, sondern auch noch miterleben, wie die Stimmung steigt, weil das Niveau sinkt. Wir fangen so manchen Blick aus dem Publikum ein, der uns sagen soll: „*Das* ist Musik. *So* muß das klingen." Natürlich tragen Frl. Müllers Viertele Stompers Melonen und Bärte und Opas Weste zum weißen Hemd. Aber mehr als dreimal kann auch die ausgebuffteste Dixieband nicht Ice Cream und den Bourbon Street Shuffle wiederholen, und so ist auch diese Tortur einmal durchgestanden.

Im Büro der Stadthalle, in deren gemütlich gekacheltem Foyer dieser Frühschoppen stattfand, stehen wir nun zusammen mit dem Klarinettisten von Frl. Müllers und holen unsere Gage ab. Ich sehe entsetzt, daß das Geldbündel für die anderen genau doppelt so dick ist wie unseres. Das kann doch nicht wahr sein. Die Lokalband, die zu Fuß oder mit dem Firmenwagen kommt, die keine Anlage braucht und sowieso auf jeder Hochzeit in der Gegend spielt, soll die doppelte Gage kriegen? Ich kann's nicht fassen.

Dr. Golz sieht meinen finsteren Blick und sagt, als der Klarinettist draußen ist: „Ja wissen Sie, als ich Ihren Vertrag bekam, hatte ich schon achtzehnhundert pro Person, also fünftausendvierhundert bewilligt bekommen und dann wollten Sie nur achtzehnhundert insgesamt. Da mußte ich noch eine Band für Drei-sechs engagieren, sonst krieg' ich meinen Etat nicht aufgebraucht. Ich hab' mich auch gewundert, daß Sie so billig sind. Aber es war doch ein schönes Konzert und einigen Leuten hat's ja auch ganz gut gefallen. Vielleicht könnten wir nächstes Jahr was im Theater machen. Oder zur Fünfzig-Jahr-Feier der Aluminiumwerke. Vielen Dank jedenfalls und gute Reise."

Ich schweige bis nach Hause und versuche die rhythmische Struktur des Novemberregens auf dem Autodach zu analysieren.

# Das Geständnis

## *Der Kleinstadt-Häusermakler*

Mein Gott, natürlich interessiere ich mich nicht für Kleintierzucht. Und ich habe weder eine Leidenschaft für die Freiwillige Feuerwehr noch für den Kirchenchor. Ich bin nämlich weder pyroman noch musikalisch. Und Mittwoch abends wüßte ich auch was Besseres, als mit dem halben Gewerbeverein am Stammtisch zu sitzen und hiesigen Wein zu trinken, der im übrigen, aber vielleicht ist er gar nicht alleine dafür verantwortlich, meinen Gelusil-Lac-Verbrauch entscheidend in die Höhe treibt. Nein, ich bin auch nicht direkt ein Fan von Fastnachtsvereinen. Und besonders katholisch bin ich auch nicht. Und so direkt in *d e m* Sinne jetzt ein CDU-Wähler? Nee.

Und nicht verliebt in die Tochter vom Bürgermeister.

Ja, Sie haben recht, ich vertrage keinen Alkohol. Er macht mich geschwätzig. Aber einmal im Jahr die Tagung vom RDM, ich bitte Sie, einmal werd' ich doch noch mein Herz ausschütten dürfen.

Wissen Sie, was mein Lieblingsmärchen ist? Nein, ich bin nicht direkt ein Leser von Märchen. Ich bin eigentlich eher gar kein Leser, wann denn auch.

Aber dieses eine, das kenn' ich noch von früher. Raten Sie, oder sag' ich's? Ja, genau: Rumpelstilzchen. Wo sind Sie her, aus Norddeutschland? Ja das ist gut. Rülps. Tschuldigung.

# Orchestral Maneuvres in The Dark

## *Der in den Startlöchern*

Auf jeden Fall keine Manschettenknöpfe. Manschettenknöpfe sind Blödsinn. Übertrieben. Obwohl – diese hier in der Form von Tennisschlägern? Nein, zu spießig. Aber wie wär's mit den roten emaillierten Doppeldeckern, die mir meine kleine Schwester schenkte, als sie gerade in ihrer Pferdeschwanz-Phase war?

Ach nein, besser keine Manschettenknöpfe. Den Chef interessieren solche Kinkerlitzchen nicht. Der hatte überhaupt nur bei der Steuerprüfung und zur Messe eine Krawatte um, sonst nie.

Und seine Frau, hat die nicht Psychologie studiert? Da ist man nicht so bieder. Oder war's Theaterwissenschaft? Es könnte auch Theaterwissenschaft gewesen sein. Mist, das müßte man jetzt aber genau wissen. Hätte ich doch nur besser zugehört, als es der Chef erwähnte. *Jetzt* könnte man sich noch schnell was anlesen. Mal memorieren, was ich drauf hab'. Theater: Gründgens, Mephisto, gibt's auch als Film, kein Problem, war ein Nazi oder so; Bruno Ganz, Peter Stein, Fassbinder, das müßte eigentlich reichen. Kenne ich alles aus'm Kino. Ist Minetti auch ein Schauspieler? Oder war?

Zur Sicherheit weglassen, klingt ein bißchen nach Oper oder Formel Eins. Und jetzt die Psychologie: Ach was, da braucht man nichts zu wissen, Psychologen sind doch begeisterte Erklärer. Wenn sie Psychologie studiert hat, brauche ich bloß in rhythmischen Abständen „Ach" zu sagen. Und der Chef ist ja auch noch da. Mit dem kann man auf jeden Fall über Ostblockmärkte, Koreakonkurrenz und Standortpolitik reden.

Aber was ist, wenn die Frau sagt, keine Geschäfte im Wohnzimmer? Abwarten. Augen auf und durch.

Also los jetzt. Die schräggestreifte Krawatte lokker um den Kragen wursteln, bloß nicht bemüht aussehen; das einreihige Cord-Jackett mit den Lederaufsätzen an den Ellbogen, die weichen Camel-Schuhe, *keine* Manschettenknöpfe, den Blumenstrauß nicht vergessen und ab. Hoffentlich hat sie Psychologie studiert.

Als Unverheirateter hat man in solchen Fällen den doppelten Streß. Mit einer gewandten Gattin könnte man sich jetzt locker die Arbeit teilen. Sie himmelt den Chef an, und ich becirce die Frau mit meiner ritterlichen Nonchalance. Und irgendwann nimmt mich dann der Chef beiseite und zeigt die tolle Eisenbahn. Oder die perfekt eingerichtete Werkstatt im Keller. Derweilen gackern dann die Frauen allerlei Spöttisches über das Kind im Manne, und während die Männer einander Prokura oder den Posten des Personalleiters anbieten, verschwindet das Essensgeschirr wie von allein in der

Spülmaschine. Aber was soll's, es muß auch unverheiratet gehen.

Na, bitte. Ging doch. War doch gar nicht so schlimm. Zwar war es leider Archäologie, was die Frau studiert hat, aber der Urlaub auf Kreta im Mai war meine Rettung. Sehr hilfreich, daß der Flieger wegen schlechten Wetters nicht starten konnte. Zwei unausgefüllte Tage in Heraklion. Nach dem zehnten Kaffee *muß* man einfach ins Museum. Knossos, die minoische Kultur von A bis Z. Volles Zwei-Stunden-Thema. Doch, ist eigentlich toll gelaufen.

Eins war komisch. Als sie von den lauen Abenden erzählte, an denen sie allein vor ihrem Zelt in Epidauros gesessen habe und in ihrem Walkman klassische Musik gehört habe, da fragte ich mich sofort, wieso sagt die *klassische* Musik? Warum nicht einfach Musik? Denkt sie, ich höre nur Pop und Blaskapellen, oder will sie, daß ich von *ihrem* Musikgeschmack nichts Falsches denke? Die totale Zwickmühle. Grauenhaft. Das Entsetzliche daran ist, beide Möglichkeiten sind katastrophal! Hält sie mich für einen Banausen, dann hätte ich mich bildungsmäßig falsch präsentiert, hält sie mich für jemanden, der eventuell auf *ihr* Bildungsniveau herabsieht, dann ist komplett Essig mit Prokura und dergleichen. Außerdem scheint der Chef weder eine Eisenbahn noch einen Bastelkeller zu besitzen. Kein Herrenzimmer, kein Spaziergang im Park, kein „Unter uns jetzt mal", und die Frau war in Jeans und Sweat-Shirt.

Jetzt bin ich mit dem Wagen außer Hörweite, jetzt kann ich die Kassette mit „Sweet Home Alabama" reintun. Volle Pulle aufdrehn, daß die Scheiben platzen. Mit Glück hilft's gegen den Klotz im Magen. Kommt der vom Käsefondue oder von der Frage des Chefs, wie die Stimmung in der Abteilung so allgemein sei? Und im besonderen mein Verhältnis zum direkten Vorgesetzten. Vielleicht sollte man sich doch mal ein paar gescheite Manschettenknöpfe besorgen. Für alle Fälle. Oder eine Frau, die in Jeans und Pullover auch noch gute Figur macht.

Und Klassik hört.

# Dein Bauch gehört dir

*Der, der die Frauen emanzipiert*

Mit Heidrun fing es damals an. Sie war nicht meine erste Freundin, aber sie war die erste, die meine Hilfe brauchte. Vor mir hatte sie einen total beschissenen Typ, der nutzte sie aus. Ließ sie kein Wort sagen und führte sie bloß immer vor. Und dann war sie ihm doch nicht hübsch genug und er nahm sich ein Püppchen, mit dem er noch mehr den Macho spielen konnte. Widerlich.

Sie war total fertig, als sie mich anrief. Brauchte jemanden zum Quatschen Ich hab' sie abgeholt, ihr meinen Pullover übergezogen und sie zu mir nach Hause geradelt. Damit sie sich nicht so weggeworfen vorkommt, fing ich an zu blödeln, und ich glaube, ich hab' sie auch ziemlich aufgeheitert. Ja, und dann quatschte sie sich halt den ganzen Streß von der Seele, mußte auch mal sein. Konnte ich gut verstehen.

Ja, und dann entschloß sie sich spontan, mit mir in die Bretagne zu fahren, aber sie sagte gleich, daß mit uns nichts laufen würde. Das verkrafte sie jetzt, so kurz nach Manfred, so hieß der Macho, noch nicht gleich wieder. Außerdem, sagte sie, zieh' ich sie auch irgendwie sexuell nicht so an wie

ANNA

Manfred. Dabei ist der so'n Arsch und du bist so lieb, sagte sie dann noch.

Ja, und dann war es eigentlich ganz schön. Wir quatschten und blödelten die halben Nächte durch, das heißt, sie quatschte und ich blödelte, und irgendwie fuhren wir dann doch ganz schön aufeinander ab. Als wir heimfuhren sagte sie jedenfalls, ach, wenn ich dich doch nur lieben würde, du wärst mein Traummann.

Na ja, dann machte sie noch zweimal so schlechte Erfahrungen mit Typen, und nach knapp einem Jahr kamen wir dann doch zusammen. Sie hatte echt totale Scheiße hinter sich, eine Abtreibung und einen Selbstmordversuch, und der einzige, der immer zu ihr hielt, war ich. Ich ließ mich dann auch sterilisieren, weil sie sagte, das verkrafte ich nicht nochmal. Verstand ich gut. Und Küche, Kinder, Kirche sind sowieso das beschissenste Machtinstrument gegen die Frauen. Da mach' ich eh nicht mit.

Ja, und dann hab' ich ihr erst mal gezeigt, was eine Frau alles können kann. Es hat sie unheimlich stark gemacht zu wissen, wie ein Motor funktioniert, wie man Lampen aufhängt oder Vorhangschienen in die Decke dübelt. Es hat sie echt motiviert, und manchmal mußte sie lachen über ihre früheren Typen, die ihr immer in den Mantel helfen wollten und sie zum Dummchen abstempelten.

Davon, daß ich sie so emanzipiert habe, hat später dann sogar der Obermacho Manfred profitiert. Doch. Der ist heut' echt wie ausgewechselt. Als sie später mit ihm zusammenzog, stellte sie nämlich ganz klare Bedingungen. Bevor ich dich heirate, sagte sie, emanzipierst du dich auch, sonst will ich kein einziges Kind mit dir zusammen haben. Und Manfred hat echt dazugelernt. Muß ich echt zugeben, er ist jetzt sehr o.k. Er geht mit Stefanie und Anna Fußballspielen, und Florian darf so viele Puppen haben, wie er will. Und Heidrun wollte die Kinder, er hatte da gar nichts mitzureden. Doch, der hat sich echt entwickelt.

Ich hatte seither viele Freundinnen, ich weiß auch nicht, ich zieh' die an. Wenn sie verzweifelt sind, kommen sie zu mir und ich bau' sie auf. Echt. Ich will mir jetzt nicht irgendwie an die Brust klopfen oder so, aber wenn sie zu mir kommen, sind sie alle so zerbrochene Püppchen, und wenn sie mich verlassen, stolze, selbstbewußte Frauen. Irene ist sogar lesbisch geworden. Ehrlich. Direkt nach mir hatte sie noch was mit einem Typ, aber als sie das Kind bekam, ließ sie ihn sitzen und zog mit einer Frau zusammen. Für Oliver ist das nur gut, da lernt er wenigstens nicht den ganzen männlichen Konkurrenzscheiß, den die Väter so drauf haben. Ja, auch Manfred. Ich hab' ihn beobachtet mit Anna und Steffi auf dem Fußballplatz, da ging es nur ums Gewinnen. Ich mußte Steffi nachher trösten, weil sie kein einziges Tor geschossen hatte. Sie sagte zu mir, ich sei echt der beste Typ, den sie jemals kennengelernt hätte, das sage Heidrun auch immer, wenn Manfred nicht da sei, und ob sie nicht nächsten Sommer mit mir in die Türkei fahren könne.

Als Heidrun das hörte, hatte sie allerdings einen Totalrückfall ins Spießertum. Steffi sei vierzehn, ob ich mir das klarmache, und was ich denn mit einem vierzehnjährigen Mädchen allein in der Türkei wolle und so. Als ob ich was mit Steffi anfinge! Als ob ich sie überredet hätte! Was kann ich dafür, daß sie sich bei mir besser verstanden fühlt als bei Heidrun und Manfred? Was kann ich dafür, wenn ihr das Quatschen und Blödeln mit mir mehr Spaß macht als mit ihnen? Grad sowas müßte Heidrun doch am besten wissen. Außerdem könnte ich sie sowieso nicht mitnehmen, weil Almuth noch nicht so weit ist. Die hängt noch total in den bürgerlichen Strukturen drin, mit Eifersucht und allem Drum und Dran. Die ist noch nicht soweit. Die würde das nie verstehen, wenn noch eine Frau mit uns fährt. Auch wenn die erst vierzehn ist. Oder grade dann.

Aber Almuth kommt auch ganz frisch aus so 'ner total kaputten Beziehung. Der Typ war Industriekaufmann. Das muß man sich mal vorstellen. Total angepaßter Karrierist, der echt nur sich und was die Nachbarn und die Vorgesetzten und die Kunden und was weiß ich wer noch alles von ihm denken könnten im Kopf hat. Echt. Kann ich auch irgendwo verstehen, wenn Almuth so reagiert.

Na ja, einstweilen kann ich nichts für Steffi tun, außer ihr erstmal „Die Kunst des Liebens" zu schenken und später „Der kleine Unterschied und seine großen Folgen". Wenn sie sechzehn oder siebzehn ist, hat die sowieso die ganzen Strukturen hinterfragt, von denen Heidrun und Manfred bestimmt sind. Dann sollen die mal sehen, mit wem ihre Tochter alles in den Urlaub fährt. Aber irgendwo kann ich Heidrun dann auch wieder verstehen. Bin bloß froh, daß ich selber keine Kinder habe. Echt. Da ist der Rückfall in die Kleinfamilie ja voll programmiert. Ist doch kein Wunder, wenn sie dann hysterisch wird.

# Der Flug über den Rand der Welt

## *Der Maler*

„Ach, Sie sind Kunstmaler", sagt sie, und damit weiß ich schon, wie unser Gespräch verlaufen wird. Jemand, der das Wort Kunstmaler verwendet, verlangt, daß man auf den Bildern was erkennen kann. Dafür ist er aber auch bereit, etwas längere Haare, Rollkragenpullis und schlabberige Cordanzüge durchgehen zu lassen. Unter „etwas erkennen" versteht ein Mensch, der Kunstmaler sagt, übrigens gleich inklusive, daß es „schön" gemalt ist, daß es etwas „Schönes" ist. Eine verwesende Leiche findet so jemand keine Kunst, obwohl oder in diesem Falle sogar vielleicht *w e i l* er es erkennen kann.

„Was malen Sie denn für eine Richtung?", fragt sie und ich weiß, daß ihr innerer Katalog nur die Möglichkeiten Impressionismus, Expressionismus, Realismus, Surrealismus und Naturalismus zur Auswahl stellt.

„Ungegenständlich", sage ich und weiß, daß sie jetzt denkt, er malt abstrakt, also Grimassen wie Picasso.

„Ach abstrakt?", sagt sie merklich kühler und ich antworte: „Nein, ungegenständlich. Ich abstrahie-

re von nichts, ich verschlüssele nichts, ich deformiere nicht, sondern forme Eigenes."

„Ja, dann mehr so Farbkompositionen also."

Jetzt weiß ich, daß ich völlig unten durch bin, denn Farbkomposition ist das Wort für sinnloses Geschmier, dem man allenfalls aus pädagogischen Gründen zuzustimmen hat, wenn es der Sohn aus dem Kindergarten mitbringt. Dann ist der Kindergarten allerdings recht progressiv.

Sie schaut sich schon unauffällig nach neuen Gesprächspartnern um, das registriere ich mit Wohlgefallen, aber noch ist keine Erlösung in Sicht, also fragt sie notgedrungen weiter: „Ja, und was wollen Sie dann mit so einem Bild sagen?"

„Sagen will ich nichts, denn dann müßte ich schreiben. Die Malerei stellt dar und her, das Erzählen und Erklären ist ihr als Aufgabe abgenommen worden."

Sie schaut sich wieder um, ich weiß, bald habe ich sie soweit, daß sie die finale Fluchtfrage stellt. Ob ich denn davon leben könne. Aber noch fehlen zwei, drei unverzichtbare Punkte.

„Haben Sie das studiert?"

Das war Nummer eins und ich glaube, wir haben es jetzt gleich.

„Ja", sage ich, und jetzt läuft das Programm fehlerfrei.

„Dann könnten Sie also auch was Richtiges abmalen. Eine Katze oder Blumen?"

„Ja."

Den Blick auf meine rechte Hand hat sie schon

lang hinter sich, deshalb ist die nächste Frage auch schon überfällig:

„Was macht Ihre Frau?"

„Sie ist Psychologin", sage ich und tue meiner Frau damit einen Gefallen, denn ich weiß, sie wird von diesem Gast unbehelligt bleiben. Leute, die das Wort Kunstmaler verwenden, sind immer auch Leute, die vor Psychologen Angst haben. Sie denken, ein Psychologe ist so ein guter Menschenkenner, daß er ihnen nur in die Augen blicken muß, um sofort zu wissen, ob sie ihre Kinder schlagen oder die zweite Frau ihres Vaters ums Erbe betrogen haben. Außerdem hat der Psychologe so viel mit Irren zu tun, daß er vermutlich selber nicht mehr ganz richtig im Kopf ist. Meine Frau ist also aus dem Schneider. Jetzt kommt auch endlich die finale Fluchtfrage, mit der meine statusmäßige Satisfaktionsfähigkeit eruiert wird.

„Können Sie davon leben?"

„Ja, ganz gut", sage ich, denn mit dieser Klappe schlage ich zwei Fliegen. Fliege Nummer eins ist, daß die Dame jetzt was zu erzählen hat, denn wenn einer davon leben kann, obwohl man nichts darauf erkennt, dann ist das schon das Weitersagen wert. Ein resignatives Kopfschütteln und die Frage, wohin es mit der Welt gekommen sei, löst man allemal mit dieser Nachricht ein. Und Fliege Nummer zwei ist ihr Ärger, daß *sie* arbeiten muß fürs Geld. Oder wenigstens ihr Mann.

„Ach hallo", ruft sie jetzt endlich in Richtung auf ein Grüppchen am Buffet und verschwindet mit einer vagen Gebärde zweifelnden Winkens zu mir hin.

In Wirklichkeit habe ich mit einem Studienkollegen zusammen eine Software-Firma gegründet. Wir liefern Komplettlösungen für mittelständische Betriebe, erarbeiten Vernetzungskonzepte und beraten allgemein im Bereich Bürokommunikation. Meine Frau hat ihr Betriebswirtschafts-Studium abgebrochen, um bei uns einzusteigen und ist keineswegs Psychologin, sondern eher eine Art Chefsekretärin. Die Maler-und-Psychologin-Nummer ziehe ich immer dann ab, wenn ich meine Ruhe haben will.

Außerdem liebe ich dieses Gefühl von bohemer Einsamkeit, dieses Nicht-dazu-Gehören, das sich danach immer einstellt.

# Spätzle, Spätzle, wenn ich das schon hör'

## *Der gekränkte Schwabe*

Nicht selten verlautet aus gewissen norddeutschen Kreisen, der Schwabe habe nichts Besseres zu tun, als tagaus tagein mit seinem Schätzle Spätzle zu essen, seinem Kinde eigens dafür ein Lätzle umgehängt zu haben, das Kätzle am Naschen der Spätzle zu hindern, wie auch allgemein ihm, dem Kätzle, keinerlei Mätzle zu erlauben. Wenn der Schwabe lustig sei, so heißt es, schneide er ein Frätzle, wenn er ins Theater ginge, bestehe er auf seinem Plätzle, denn er sei es gewohnt und verzichte unter keinen Umständen darauf, mit dem Nachbarn ein Schwätzle zu halten. Natürlich nur bis der Vorhang aufgeht und der Schauspieler sein erstes Sätzle spricht.

Der Schwabe also, so soll uns hier weisgemacht werden, findet ausschließlich in der Verkleinerungsform als Schwäble statt. Des weiteren will man aus der eingangs erwähnten Richtung den Schwaben als geizig, kleinlich und mißgünstig hinstellen. Den Mülleimer, so wird kolportiert, wasche er mit der Zahnbürste aus – und das wöchentlich; das Treppengeländer poliere seine Frau mit einer abgetragenen Unterhose und ein Trinkgeld gäbe er grundsätzlich nicht.

Nun, meine Damen und Herren, das alles ist nicht nur gemein, sondern auch ein ausgemachter Blödsinn. Wenn ich meine alte Zahnbürste noch einem weiteren Verwendungszweck zuführe, dann spricht das für mein Umweltbewußtsein, für Intelligenz und Organisationstalent. Den Eindruck zu erwecken, ich würde mir aus Geiz mit derselben Zahnbürste auch meine Zähne, übrigens meine ersten Zähne, das möchte ich auch mal festgehalten wissen, also ich würde mir auch noch die Zähne damit putzen, das ist infam. Wir sollen als eine Bande schmuddliger Abfallschlotzer diskreditiert werden. Die Lächerlichkeit solcher Anschuldigungen erschließt sich dem denkenden Mitmenschen zum Glück von selber.

Nun zur zweiten Unverschämtheit. Unser Treppengeländer wird nicht poliert, es glänzt von selber. Wenn man das Dranfassen nämlich ein bißchen ökonomisch gestaltet, also nur, wenn man sich wirklich mal festhalten muß und wenn man sich außerdem gelegentlich die Pfoten wäscht, dann wird so ein Geländer nicht stumpf. Dann braucht man es nicht zu polieren. Dann wischt man einmal die Woche Staub und damit ist der Fisch geputzt. Bitte sehr, können Sie gerne nachahmen, meine Herren Hamburger Hygieneweltmeister. Hände waschen, heißt der Trick. Hände waschen. Kapiert?

Und nun zum dritten. Der Schwabe gäbe kein Trinkgeld. Blödsinn, sag' ich, horrender Blödsinn. Wie oft hab' ich einem aufmerksamen Kellner das

Glitzern der Freude in die Augen steigen sehen, wenn ich einen ordentlichen Bonus auf die Zeche schlug. Ich höre meine Stimme noch sagen „Drei fünfundachtzig", nachdem der Ober eben den Preis mit „Drei achtzig" genannt hatte. Na, ist das vielleicht nix? Das läppert sich nämlich. Wenn einer fleißig ist und ein angenehmes Benehmen hat, dann geht der abends aber locker mit drei Mark mehr nach Hause. Jederzeit. Das macht im Monat um die neunzig Mark. Das könnten fünf Prozent des Lohnes werden. Tausendachtzig Mark im Jahr. Der Schwabe und kein Trinkgeld geben. Ja, da könnt' ich mich grad' totlachen. Außerdem geh' ich selten aus, da hab' ich ja gar nicht die Gelegenheit.

Und wie steht's mit dem Vorwurf, der Schwabe sei provinziell, er neide der norddeutschen Tiefebene die Weite, den Horizont, die Weitläufigkeit? Ha. Wenn ich mich eben totgelacht hätte, dann müßte ich jetzt grad' aus dem Grabe steigen und von neuem donnernd lachen. Ha, ha. Die Weite: Ich würd' mal sagen, eine Weite, in der nichts los ist, was bringt einem die? Das gibt doch alles nix fürs Auge her. Da haben wir vielleicht ein paar strohgedeckte Häuschen, Ställe mit hormonverseuchten Kälbern, einen altersschwachen Traktor und fad schmeckende Chemieschweine. Ja, sagenhaft. Ja, und was fliegt denn da? Ist es eine Schwalbe, die nach Schwäbisch Gmünd fliegt, oder ein Flugzeug von Dornier? Und da unten, was fährt denn da die endlos langweilige, kerzengrade, gähnend lange unbefestigte Straße entlang? Ein Mercedes aus Untertürkheim, ein Porsche aus Zuffenhausen oder ein Audi aus Neckarsulm? Zugegeben, es könnte auch ein BMW sein, aber wird der vielleicht in Norddeutschland gefertigt? Und der Audi könnte auch aus Ingolstadt kommen, aber liegt das vielleicht in der Nähe von Wilhelmshaven?

Was hat der käsgesichtige Fischkopf denn volkswirtschaftlich zu bieten? Übelriechendes, verwurmtes Meeresgetier, ein zweireihiges herrschaftliches Getue und ein Hochdeutsch, das nur deshalb so hoch ist, weil er es aus der Nase spricht, und die trägt er hoch. Ordentlich hoch sogar. Nein, nein, meine lieben Landsleute, so geht es nicht. Wenn wir wirklich kleinlich wären, dann würden wir dem Norddeutschen all das eben erwähnte vorhalten, aber tun wir das vielleicht? Wir tun es nicht. Das haben wir nämlich nicht nötig. Hölderlin und Hegel, des isch bei uns die Regel, der Schiller und der Hauff, des fällt bei uns net auf. Und damit ist nicht der Volker Hauff gemeint, obwohl der auch von hier stammt. Der kommt aus Esslingen. Am Neckar.

# Wer mit wem

## *Der passionierte Fußgänger*

Straßencafés sind meine Leidenschaft. Mit Aussicht auf Parkplätze. Große Parkplätze. Mit Einzugsbereich. Der einer Diskothek oder eines Supermarkts genügt mir ebensowenig wie der eines Drei-Sterne-Lokals oder Fünf-Sterne-Hotels.

Manche Leute sammeln Kronkorken oder Ersttagsstempel, die meisten sammeln Lob, die allermeisten Geld in seinen verschiedensten Erscheinungsformen. Das kommt dem Lob am nächsten. Manche sammeln Liebesnächte, das kann sich aber sowohl mit Lob als auch mit Geld in Einzelfällen überschneiden – ganz einfältige Gemüter sammeln sogar Autogramme. Sammeln kann man alles. Von der Kunst bis zum blauen Auge – alles. Ich sammle gelungene Paarungen. Paarungen von Mensch und Automodell. Eine neunzigprozentige Trefferquote ist das mindeste, wenn ich in meinem Straßencafé sitze, irgendeinen Mann ins Auge fasse, ihm nach seinem Erscheinungsbild ein Automodell zuweise und dann seinen Weg zum Parkplatz verfolge. Wie von einem Magneten dorthin gezogen geht der silberhaarige Henri-Nannen-Verschnitt zu dem von mir vorhergesehenen anthrazitgrauen Mercedes 500 SE ohne jeden Schnickschnack. Kein Gramm Chrom zuviel, keine Ledersitze, keine Typenbezeichnung am Kofferraum und keine persönliche Kleinigkeit im Fond. Ein erlesenes, aber neutrales Brillenetui wäre das höchste der Gefühle.

Hätte der Mann übrigens statt des feinkarierten Tweedjacketts einen dunkelblauen Blazer mit Abzeichen auf der Brusttasche getragen, dann hätte ich ihn entweder zu dem jägergrünen Jaguar XJ oder zu einem der beiden Siebener BMWs geschickt. Zu dem dunkelblauen übrigens.

Hier kommt schon der für den weißen. Er trägt eine marineblaue Strickjacke über die Schulter geworfen, Jeans und teure College-Slipper mit Bommeln. Er ist zu jung für einen Siebener, daraus erklärt sich die geschmackliche Verfehlung, den großen Wagen in Titanweiß genommen zu haben. Für die Erkenntnis, daß ihm damit ein leicht zuhälterischer Touch anhängt, ist er noch nicht reif genug. Neureich.

Der hier ist für den schwarzen Golf mit Weiter-so-Deutschland-Aufkleber. Schnurrbart, Lederjakke, zu enges Hemd und Polizistenschultern. Nein, er geht dran vorbei, na sowas. Er steigt in den offenen Fiat-Sportwagen. Hab' ich doch glatt danebengelangt. Dann ist er Fahrlehrer oder Bademeister. Die sind ja auch kaum zu unterscheiden. Kommen aus der Bundeswehr, Z vier mindestens und werden Bulle, Fahrlehrer, Bademeister oder machen eine Sportschule auf.

Hier der nächste: alles klar, der braun-beige Anorak und die strähnigen spätblonden Haare in Verbindung mit der Siebziger-Jahre-Herrentasche – Opel Omega. Und der hier mit der kleingeringelten Dauerwelle und der schwarzgefärbten Frau im Lederkostüm – selbstverständlich blaumetallic Mercedes 300 E mit Heckspoiler und getuntem Kühlergrill. Alles klar, hier kommt endlich der für den Golf. Braungebrannt, Sascha-Hehn-Gesicht und weißen Pullover um den Hals gelegt. Das Lacoste-Polo-Hemd versteht sich von selbst. Vielleicht hat er ja den Aufkleber nicht selbst angebracht.

Der Angegraute hier mit dem extrem kurzen Haarschnitt und dem Nappa-Blouson müßte eigentlich für den Jaguar sein. Aber nein, heut' ist nicht mein Tag, er geht zum Dreier-BMW-Cabrio. Das hätte ich an der Magenfalte in seinem Mediengesicht und der Goldrand-Brille eigentlich sehen müssen.

Wenn sie zu alt und zu dick für eine Lederjacke sind, aber trotzdem eine tragen, gehen sie zu einem Porsche oder Alfa; sind sie jung und haben eine schlechte Haltung in ihrem großkarierten Hemd, dann ist es ein gebrauchter Kleinwagen, dessen Image ihnen egal ist; ist die Haltung gut und das Hemd längsgestreift, dann gehen sie zu einem Wohnmobil mit umwelt- und minderheitenfreundlichen Aufklebern. Sind sie dazu noch ordentlich frisiert, dann ist es ein dunkelblauer VW-Passat Kombi mit Kindersitz und Lackschäden.

Der hier, was sagen Sie zu dem? Der müßte doch eigentlich, der dunkelgrün- und blaukarierten Breitcordhose nach zu urteilen, zu einem Porsche 924 gehen. Trotz des Bartes, sagen Sie? Ja, trotz des Bartes, der Bart ist kurz genug und sauber getrimmt. Ich will Ihnen sagen, warum er es trotzdem nicht tun wird. Er hat so was Universitäres im Gesicht. Ja, genau, sein Umgang verbietet ihm einen Porsche, obwohl sein Herz und sein Erbteil dafür sprechen. Sehen Sie, das wußte ich, ein silbergrauer Saab 900. Die perfekte Ausweichmöglichkeit für Leute, denen eine gewisse Dezenz aufgezwungen wird.

So, ich mach' mich jetzt auf die Socken, ja Socken, ich gehe zu Fuß. Leidenschaftlich gern übrigens, seit ich meinen Führerschein abgeben mußte. Nein, Sie dürfen mich nicht mitnehmen, ich vertrage keine Recaro-Sitze. Oder sollte ich Ihre Lederkrawatte mit der witzigen Spange falsch gedeutet haben? Wenn wir uns mal wiedersehen, zeige ich Ihnen den typischen Land-Rover, den typischen Verchromte-Radkappen und den typischen Ach-irgendein-billiger-Japaner-tut's-doch-auch. Oder den Volvo-Bart, die Citroën-Halbglatze und die Lada-Lederjacke.

# Magna Cum Laude

## *Der mit den Fremdwörtern*

„Wir rochieren jetzt mal", sagt er und meint damit, daß man sich von der Sitzecke zum Eßtisch bemühen solle. Dort hat seine Frau nämlich mittlerweile einen frugalen Snack bereitet. Während wir uns noch plazieren, racontiert er schon eloquent die Geschichte, wie er seinen Geschäftspartner mit einem fait-accomplit überrascht habe. Wir loben die Crostini und den Salmone, superb, sagen wir, aber die Frau delegiert unsere Elogen bescheiden an den Deus-Ex-Machina weiter: Mit so einer exzellent ausgestatteten Küche könne man nichts falsch machen. Wir widersprechen und ihr Mann mischt sich ein, das dürfe man wie alles im Leben natürlich nur cum grano salis nehmen, pure Effizienz akkumuliere sich wohl in Gerätschaften, aber niemals doch die Fähigkeit zu solch exorbitant subtiler Balance in der sowohl Taktiles als auch Olfaktorisches einschließenden Nuancierung geschmacklicher Finessen. Das sage er, fügt er noch hinzu, als Ex-Epikuräer, dessen Konversion von den sensorisch depravierenden Abgründen des Fast-Food-Konsums noch gar nicht so lange zurückliege.

„Das kommt aber ziemlich Ex-Cathedra", finde

ich, doch er meint, ich möge ihn nicht des Solipsismus zeihen, brauche ihn ja nicht pars pro toto zu nehmen, könne andererseits aber durchaus von seiner möglicherweise sogar idiosynkratische Züge angenommen habenden Gaskonade das Bramarbasierende abziehen und es bleibe ein Quasi-Engramm dessen, was er meine. Der Nucleus sozusagen.

Meine Frau, deren Manieren im allgemeinen über jeden Zweifel erhaben sind, haut den Löffel in die Kressesuppe, daß es nach allen Seiten spritzt und sagt, sie mache das jetzt nicht mehr mit. In das entstandene Schweigen hinein sagt sie: „Ich extrapoliere auf die nächsten zwei Stunden und was da zusammenkommt, verhält sich irgendwie konträr zu meinem Imago eines netten Gesprächs unter Freunden." Die Gastgeber schweigen noch immer, während wir unsere Mäntel nehmen, der Eklat ist perfekt. Situativ steppt der Bär ohnehin, also ziehen wir nur noch verlegen die Tür hinter uns ins Schloß. Auf der Treppe meine ich noch sowas ähnliches wie hybride Megäre oder Hetäre zu hören.

„Ich mußte einfach intervenieren", sagt meine Frau im Auto, „das wäre noch stundenlang so weitergegangen."

„Luzid antizipiert", sage ich, „in den Orkus mit dieser Telefonnummer. Die ist obsolet."

# Überall freundliche Agenten

## *Der partiell Unsichere*

Warum sind alle meine Freunde Versicherungsvertreter? Ich meine, natürlich ist mir deren Berufswahl wurscht, aber warum ist keiner Arzt, Anwalt oder Apotheker? Mach' ich was falsch? Meiden die mich? Warum? Warum gerade mich?

Vielleicht war ich auf der falschen Schule? Obwohl, aus meiner Klasse wurde nur einer Versicherungsagent. Zum Beispiel neben mir saß Schiffi, er hieß Markus, so heißt er immer noch, der ist immerhin bei der Commerzbank in Ludwigsburg. Oder war das Ludwigshafen. Beim letzten Klassentreffen tat er, als gehöre ihm die ganze Bank. S-Klasse Mercedes, pfui Deibel. Und diese Würde … genauso lächerlich wie die fünfundachtzig Mark teure Betonfrisur seiner Frau. Oder Blocker, der Blocker, der immer den Unterricht mit seinem Kassettenrecorder mitgeschnitten hat und dann die besten Passagen auf den Elternabenden vorspielte. Der ist jetzt irgendwas bei der Uni. Dozent oder so. Ich konnte ihn nie leiden. Der kam an keinem Spiegel vorbei, ohne sich mit der Hand durch die Haare zu fahren und danach sofort den Kopf in den Nakken zu werfen, wie eine bekloppte Diva. Oder Raffi, ach, aber über Raffi zu reden ist Zeitverschwendung. Überhaupt diese ganze Klasse ist eine Ansammlung von Zeitverschwendung. Außer vielleicht Karin. Karin und Kiesel. Kiesel hieß übrigens deshalb Kiesel, weil er bei jeder passenden und unpassenden Gelegenheit sagte: „Kannst dir ja ein Loch ins Knie bohren und einen Kieselstein reintun, dann haste 'ne Trillerpfeife." Kiesel hat heut' noch Humor. Er spielt nebenbei in einer Tanzband Orgel. Oder Synthesizer. Sein Repertoire an Witzen hat seither eher noch zugenommen. Und mit Karin konnte ich schon immer gut. Eigentlich schade, daß sie nach Lübeck geheiratet hat. Einen Fischkopf mit einem Fuhrunternehmen.

Die Hallesche Nationale ist keine Tageszeitung, hat Kiesel gesagt, und nach einer Stunde hatte er mich soweit, daß ich mich wieder mal für unterversichert hielt und ihm diese echt günstige kombinierte Reiserücktritts- und Was-weiß-ich-noch-was-Police abnahm. Oder Werner, der mit diesem Reisebüro in der Bechtoldstraße, der hat mich vor einem Jahr sogar dazu gebracht, eine Versicherung, die ich bei ihm abgeschlossen hatte, zu kündigen und eine bessere, die er inzwischen auch im Programm hat, zu nehmen. Kombinierte Haftpflicht und Hausrat. Ich glaube, ich habe jetzt drei Haftpflichtversicherungen. Privathaftpflicht, Berufshaftpflicht und die, die auch Beleidigungsklagen einschließt. Ich mach' nie was kaputt. Kalli, mein Foxel, beißt keine Briefträger und als Besitzer eines Copy-Shops laufe ich höchstens Gefahr, mal eine

Geburtsurkunde oder Magisterarbeit zu knicken. Und das nur dann, wenn die Leute zu doof sind, die Vorlagen selber in den Kopierer einzulegen. Was mach' ich falsch?

Da ist noch Gerd. Gerd von der Allianz. Den hab' ich im Sommer auf Menorca kennengelernt. Wir haben uns sofort gut verstanden, das heißt seine Frau und Jeanne konnten gut miteinander. Die Allianz ist ja in einigen Punkten deutlich überlegen. Diese Rückholversicherung bei Unfall oder Krankheit im Ausland, zu dem Preis ist die konkurrenzlos.

Vielleicht ist die Frage auch falsch gestellt. Vielleicht muß es nicht heißen: „Warum sind alle meine Freunde Versicherungsvertreter", sondern: „Warum hab' ich bloß drei Freunde?" Oder sogar: „Warum ist diese Sorte Mensch gerade mit *m i r* so gut befreundet?" Oder: „Was findet Jeanne an dieser langweiligen Zicke von Gerds Frau?" Oder andersrum.

TOU

# Dark Side of The Moon

## *Der Rock-Roadie*

Charlie kennt jeden. Und jeder kennt ihn. Ihn, Charlie, nicht zu kennen, das hält keiner lange durch. Es sei denn, er wäre eine Null, ein Nobody, ein Stück Scheiße auf Rädern. Mit Scheiße auf Rädern hat Charlie irgendwie eher nichts am Hut. Sorry, Mütze. Charlie trägt Mütze. Rot mit langem Schild, und jetzt darfst du mal raten, mit was für einer Aufschrift vorne drauf ... na? ... brauchst noch Bedenkzeit? Schwach, sehr schwach, das muß in zehn Sekunden kommen. Parmalat natürlich. Par-ma-lat! Charlie trägt nicht irgendeine Mütze, Charlie trägt die Mütze von Niki Lauda. Hat ihm der geschenkt, für besondere Verdienste. Ist natürlich nicht *die* Mütze von Lauda, nur *eine* Mütze von Lauda. Die andere. Lauda hat noch eine, die trägt er selber.

Auf dem Rücken von Charlies roter Satinjacke steht „Elton John World Tour 86". Klar, besondere Verdienste, notfallmäßige Baggerung von Koks. Auf seinem Feuerzeug steht „Tina Turns You On", das T-Shirt ist von ACDC, nein, das ist nicht der Allgemeine Deutsche Automobil-Club und, nein, es ist auch nicht sein einziges T-Shirt. Es ist eines unter zweiundneunzig. Alle original, alle von Hand geschenkt, vom Star, vom Tourleiter, vom Manager oder von einem Bandmitglied. Wer sind wir denn? Kaufen wir T-Shirts? Mann, echt, ich glaub', 's hackt.

Charlies Turnschuhe sind von Puma. Jede Band hat'n Puma-Deal. Jeder Tourleiter hat'n Kofferraum voller Turnschuhe und Jogginganzüge. Charlies Flight-Case, das ist das, was Scheiße auf Rädern einen Aktenkoffer nennt, ist von der CBS und vor lauter Aufklebern ist die Aufschrift von Jennifer Rush kaum noch zu sehen. Jede Lichtfirma, jeder Anlagenheinz und jede Provinzband pappt einem den Sticker auf's Gear. Sticker heißt Aufkleber, Gear heißt Gerät. Provinzbands können's noch schaffen, jeder Sticker kriegt ein Jahr. Wenn die Kapelle dann nicht in den Charts ist, dann kommt der Fetzen ab und Tschüß. Ab nach Scheißeaufrädernhausen. Man kommt nicht um die Provinzbands rum. Sie spielen auf Festivals, sie spielen als Vorgruppe bei einem Top-Act und wenn Charlie mal nicht ganz so ausgebucht ist, dann nimmt er auch Gigs bei kleineren Rockveranstaltern an. Phil Collins ist ja nicht jeden Tag auf Tour. Außerdem ist Nachwuchsförderung auch gar nicht so falsch. Damals die Stripes. Er hat ihnen zehn nach eins noch Pizza besorgt. Nicht verzagen, Charlie fragen. Sie waren begeistert. Die waren eine Provinzband und bezahlten zweitausend pro Gig, damit sie das Vorprogramm bei den Kinks machen durften. Es störte sie nicht, daß sie nur das halbe Licht benutzen durften, daß der Mixer von den Kinks ihnen einen mülleimermäßigen Sound hindrehte, daß ihre Backline, ja, ja, das sind die Verstärker, die Amps und das ganze Geraffel mit Ständern, Ersatzgitarren, Drums, Keyboards undsoweiter, also daß ihre Backline innerhalb von zehn Minuten abgebaut werden mußte. Natürlich ohne Zugabe. Selbst wenn die Kids eine gewollt hätten, was aber bei dem Sound sowieso nicht vorkam. Jedenfalls, er hat ihnen Pizza geholt, obwohl er eigentlich mit den Kinks da war. Die Sängerin war so ein geiler Zakken. Na und bitte, ein Jahr später hießen die Stripes nicht mehr Stripes, sondern Nena und er machte drei Touren mit ihnen. Ab der zweiten schon als Gitarrenroadie von Carlo. Aufbauen, Saiten wechseln, stimmen und die richtige Axt beim richtigen Song rausreichen, ja, Axt heißt Gitarre, das war sein Job. Und manchmal auch ein überzähliges Mädchen ..., na ja, das muß jetzt nicht breitgetreten werden. Ein guter Roadie steht unter Schweigepflicht.

Charlie fährt Intercity zweiter Klasse. Obwohl Fritze Rau und Mama Concerts schon lange die Anfahrt erster Klasse raustäten. Aber zweiter Klasse kommt leutemäßig besser. Der Altersdurchschnitt ist einfach angesagter. In der ersten Klasse sitzen Leichen auf Urlaub, die wissen nicht, was ein Roadie ist, nennen es Raudi und verwechseln's mit Vandale. Beklagen sich über seinen Walkman und zupfen an ihren Lodenlappen, wenn er sich neben sie setzt. Und interessieren sich plötzlich brennend für Bottrop oder Bietigheim oder was da gerade vorbeifährt. In der zweiten gibt es Kids. Die übersetzen zwar den Begriff Roadie manchmal mit Aufbauhelfer, was völlig falsch ist, ein Roadie ist ein Koordinator, ein Bodyguard und ein Allround-Spezialist, aber sie fangen wenigstens was damit an. Und sie werden bleich, wenn er das Foto von sich und Bono raustut, wie sie gerade mit Lindenberg und Niedecken bei Maffay Chor singen. Kids sind zwar auch Scheiße auf Rädern, aber ganz ohne geht es nicht. Das Licht ist nichts ohne die Dunkelheit. Das ist irgendwie Buddhismus, oder so. Um nicht Scheiße auf Rädern zu sein, braucht man Scheiße auf Rädern, sonst merkt man's nicht. Und außerdem hat jeder mal klein angefangen.

# Überzeugungsarbeit

*Der, der beim besten Willen nicht schwul ist*

Edoardo hat Stil. Eigentlich heißt Edoardo Erwin, aber seit er den Teint gewechselt hat von fleischfarben zu Umbra gebrannt, seit er dieses Häuschen in der Nähe von Perugia besitzt, seit er den Lancia Thema fährt und nicht zuletzt seit er seine beiden Gipskopien des David von Michelangelo durch bronzene Repliken des Wagenlenkers von Delphi ersetzt hat – seitdem hat er Stil. Und ein Mensch mit Stil heißt nicht Erwin. Wer den Fehler macht, ihn bei diesem abgelegten Namen zu rufen, riskiert, daß Edoardos Teint von Umbra gebrannt in Richtung Umbra grünlich changiert und Edoardo ihm Lokalverbot gibt. Das ist insofern hart, als Edoardos Bar *der* Treffpunkt ist. Man kann dann gleich umziehen und irgendwo neu anfangen.

Außer Stil hat Edoardo auch noch eine Theorie. Je später der Abend, je schöner die Gäste und je ausgeschöpfter der Daiquiri-Rahmen, desto begeisterter kommt Edoardo auf seine Theorie zu sprechen. Alle sind schwul. Alle Männer nur, natürlich. Das meint Edoardo jetzt nicht frauenfeindlich, einige seiner besten Freunde sind Frauen, es geht jetzt halt mal nur um die Männer. Also, alle sind

schwul, nur die meisten geben es nicht zu und die allerwenigsten wissen überhaupt davon. Sie nehmen einander in die Arme, boxen sich in die Rippen, hauen sich auf die Schultern und glauben, da sei nichts Sexuelles dabei. Ha, ha, kann Edoardo da nur lachen, ha, ha. Sie halten ihre homoerotischen und, wie Edoardo betonen möchte, ganz natürlichen und gesunden, ja eigentlich sogar in hohem Maße zivilisierten Neigungen derart unter dem Deckel, daß sie selber nichts davon bemerken. Ich sage nur Fußballplatz, wirft Edoardo gern im Falle einer unqualifizierten Widerrede ein.

Durch Edoardos Aufklärungsarbeit hatten schon einige ihr Coming out. Aber ja. Das Schöne daran ist eine Art jus primae noctae, das für ihn dabei rausspringt. Dankschreiben aus aller Welt, könnte Edoardo sagen, wenn das nicht seinem Stil widerspräche. Der Spruch liegt ihm schon mal gelegentlich auf der Zunge, aber er storniert ihn dann doch jedesmal wieder, weil er einfach nicht die Klasse hat. Dankschreiben aus aller Welt, sagt ein Schaustellergehilfe, der sich in einer Pornopostille unter der Rubrik „Mache alles mit" anpreist. Mit genauer Zentimeterangabe. Nicht Edoardos Niveau. Leider.

Manchmal habe ich das Gefühl, ich bin der letzte, der ihm noch widerspricht. Vielleicht liegt es daran, daß ich so oft noch spät in seiner Bar sitze, immer nüchtern, weil ich noch fahren muß und deshalb in der Lage, meine Gegenposition noch zu formulieren. Kann auch sein, daß er mich als Lieblingsgegner erkoren hat, daß ich sein Sparringspartner bin, an dem er die linken Haken seiner Argumentation trainiert. Ich weiß es nicht. Ich erkläre ihm jedenfalls, daß ich schon mit Männern schlafen könnte, aber nicht will. Man sei doch nicht schwul, sage ich, wenn man die Wahl habe, sondern wenn man die Wahl treffe. Ich aber, sage ich, hätte die andere Wahl getroffen. Ein Mörder sei man, wenn man jemanden töte, nicht wenn man die Möglichkeit dazu hat. Das ist jetzt typisch, sagt Edoardo, damit hast du dich verraten. So was Abschreckendes mußt du als Beispiel wählen, mußt dich selber mit sowas Verbotenem erschrecken, damit du ja nicht in Versuchung kommst. Viel Feind, viel Ehr', sagt er, viel Angst, viel Wahrheit. Du fürchtest dich so vor dem Schwulsein, weil es ganz nah an der Oberfläche ist. Vor ein paar Jahren hast du bestimmt noch „homosexuell" gesagt, anstatt „schwul". Hast dich damit ganz tolerant gefühlt und nicht gewußt, daß homosexuell schon seit Jahren das Spießerwort ist. Wer homosexuell sagt, geniert sich, will den Paragraphen 175 zurück, setzt Schwule mit Päderasten gleich und würde seinen Sohn sofort von der Schule nehmen, und das alles nur, weil er sich vor Ansteckung fürchtet. Ansteckung jetzt mal nicht im aidsmäßigen Sinn, sondern im libidinösen. Und stimmt's vielleicht nicht?

Stimmt nicht, sage ich, ich sage nicht mehr homosexuell, seit ich mit Schwulen befreundet bin und das ist schon wesentlich mehr als ein paar Jahre her. Na siehst du, sagt er, und wieso bist du mit

Schwulen befreundet? Na, wo die Liebe halt hinfällt, sage ich, und damit habe ich die heutige Ausscheidung verloren. Das Wort Liebe hätte ich nicht gebrauchen dürfen.

Seines Sieges sicher, erläßt mir Edoardo die Rechnung. Dafür nennt er mich Schwester und beißt mir ins Ohr. Als ich mich schüttele, er weiß genau, daß ich das nicht leiden kann, auch von Frauen nicht, lacht er und sagt: „Laß es doch zu, laß es doch zu."

Ich stehe auf und sage: „Du kannst doch nicht jemanden zum Schwulsein überreden, du benimmst dich ja grad' wie eine Werbeagentur."

„Das ist unsere Art der Nachwuchsbeschaffung", sagt er und ich gehe, rhetorisch geschlagen, aber immer noch heterosexuell, nach Hause. Er bringt mich nicht durcheinander, Edoardo nicht. Ich habe nämlich ein absolut unschlagbares Argument gegen seine Theorie. Ich kann ihn nicht leiden.

# Neid ist doch kein Thema

*Der, der echt keinen Dünkel hat*

Also dieses dauernde Gerede über Autos ist blöd. Aber jetzt mal bloß ein Beispiel: Natürlich kann man einen Opel fahren. Das ist völlig in Ordnung. Das sind gute Autos. Und selbstverständlich kann man in einem Reihenhaus wohnen, da gibt es sogar ausgesprochen schöne inzwischen. Könnte ich selber schwach werden, wenn ich nicht schon meinen Gründerjahre-Traum mit Baumbestand und Ausblick hätte. Ist auch überhaupt nichts dabei, nach Mallorca zu fliegen. Da gibt es noch ganz schöne, unberührte Flecken. Es müssen nicht die Malediven sein oder die Seychellen. Nur für mich ist dieses Thema erledigt. Aber eben nicht, weil ich mir für Mallorca zu gut bin, sondern weil das Haus in Monte Choriche sich erstmal amortisieren muß. Also hab' ich für die nächsten zehn Jahre keine Wahl. Was ich sagen will: Ich hasse es, wenn man sich für was Besseres hält, bloß weil man sich was Besseres leisten kann. Hat nicht jeder gleich viel Glück. Ja, zugegeben, nicht jeder bringt auch die gleiche Leistung, aber da ist ja auch ein bißchen Glück dabei. Ein bißchen was ist ja auch angeboren. Und der Rest kommt von der Kinderstube. Hat nicht jeder einen Architekten zum Vater, der ihm beibringt, wie man sich richtig organisiert. Darf nicht jeder von Haus aus das Gymnasium besuchen. Oder muß. Ich werde jedenfalls immer fuchsteufelswild, wenn ich diese dünkelhaften Sprüche höre wie: „Also nach Mallorca ginge ich nicht für geschenkt" oder „diese Opelfahrermentalität, Opel ist doch echt das letzte" oder in der Richtung. Ich kann das echt nicht ertragen.

Grade wir, sage ich dann immer, grade wir, die wir aufgrund unserer Privilegien über diesen Dingen stehen könnten, grade wir benehmen uns wie diese Leute, wenn wir uns auf unseren gehobeneren Standard was einbilden. Was ist denn schlimm an einem Opel, frage ich dann, bloß weil wir keinen fahren, ist er doch noch keine Schande. Gerade die Leute, sage ich dann manchmal, über die ihr euch stellt, diese Leute würden vielleicht so reden wie wir, würden sich was einbilden auf ein Statussymbol; der Opelfahrer schaut vielleicht herunter auf den Mitsubishi oder Ford; dem Opelfahrer stünde vielleicht solch ein Dünkel gerade noch an, weil er aufgrund seiner weniger privilegierten Verhältnisse nicht drübersteht. Aber wir, wir sollten das doch eigentlich nicht nötig haben. Man macht doch kein Aufhebens von seinem BMW. Das ist doch stillos. Das hat man doch nicht nötig. Schlimm genug, wenn die Opelfahrer ihren Sozialneid sozusagen von unten nach oben rauslassen. Aber andersrum? Das ist doch unter unserer Würde. Sag' ich dann immer.

# Extra Stout

*Der letzte lebende Ire*

Hey Ho Diddlediday, Diddledi Diddledi Day Day Day, Hey Ho Diddlediday ... ja, er weiß, ihn gibt's eigentlich gar nicht mehr. Irish Folk ist aus der Mode. Überhaupt Irland. Es kommt noch nicht mal mehr bombenanschlagsmäßig in den Nachrichten vor. Als Existenzform vor allem ist es nicht mehr populär. Wenn man außer Irish Coffee in spießigen Pinten oder Irish Moos beim Schlecker-Markt mal was von Irland hört oder sieht, dann in Form eines Reiseziels für Familien, die die Bretagne satt haben, oder dieses Elektrogedröhne von U 2 oder wie diese neuen Bands alle heißen. Aber ihn gibt's noch. Er heißt Axel, ich kann ihn Paddy nennen. Er hat durchgehalten. Wie dieser Japaner, der dreißig Jahre nach Kriegsende die Amerikaner im Dschungel bekämpft hat. Beziehungsweise hätte. Wenn welche vorbeigekommen wären.

Hört er im Kaufhaus einen kleinen Jungen von Joyces Tick reden, geht ihm das Herz auf. Erstens denkt er, sieh mal an, ein Junge, der Bücher liest und zweitens auch noch von einem irischen Autor. Dann ist er allerdings enttäuscht, denn der Verkäufer gibt dem Kleinen eine Schachtel, die unmöglich

ein Buch enthalten kann. Der Junge wollte einen Joystick. Paddy hat sich in die Computerabteilung verirrt.

Viele sind sie nicht mehr, aber es gibt sie noch. Was ich denn glaube, wer all die Jahre, als die andern sich in die Tigerhose zwängten, ihre Hawaiihemden mit Haargel bekleckerten und glitzernde Schmiere um die Augen trugen, was glaub' ich, wer in all diesen Jahren den Folk Club am Laufen gehalten hat? Sicher, nicht *nur* er. Da sind auch noch Jörg und Schimmi. Jörg steht auf Country und Schimmi will eigentlich nur immer Streets of London hören, aber sie sind ein gutes Team, denn soo weit ist das alles gar nicht voneinander entfernt. Country ist ja aus irischer Musik entstanden, jedenfalls zum Teil, und Streets of London ist 'n guter Song. Überhaupt, Eddi und Finbar Furey, nein, das hat jetzt nichts mit Pferden zu tun, mit dem Witz nervt ihn Jörg schon die ganze Zeit, Eddi und Fin, wie sie sie nennen, sind die größten. Die schlucken vielleicht was weg. Mein lieber Mann. Deshalb ist man auch achtundsiebzig aus dem evangelischen Gemeindehaus ausgezogen und seitdem hier in Bernies Pub. Auf die Dauer ließen sich diese Mengen Guinness, Budweiser und Löwenbräu, die sie pro Gig brauchten, nicht mehr am Pfarrer vorbeischmuggeln. Guinness für Paddy und seine Leute, Budweiser für Jörg, und Löwenbräu für alle, wenn die anderen Bestände knapp wurden. Und das wurden sie regelmäßig.

Eddie allein hat soviel verputzt wie die ganzen

Tannahill Weavers zusammen. Und die Wild Geese, die sie letzten Sommer wieder hier hatten, schlugen ihren eigenen Rekord von eineinhalb Kisten pro Mann und Abend. Oder war das pro Mann und Stunde? Zum Dubliners Konzert in Karlsruhe ist jedenfalls vernünftigerweise keiner vom Club gefahren, sondern sie haben einen Bus gechartert, und der Fahrer hatte sogar Humor. Den brauchte er allerdings auch. Vor allem für die Rückfahrt.

Seine kragenlosen gestreiften Fischerhemden, von denen er fünfzehn Stück besitzt, kommen jedenfalls gerade wieder in Mode. In den letzten Jahren glotzten ihn die Leute noch an, als wäre er aus dem Altglascontainer gekrochen, aber seit kurzem hat ihr Blick wieder so was Flüchtig-Interessiertes. So was Fragendes. So was wie „*Muß* man das schon wieder tragen, oder *darf* man es nur schon wieder". Wenn ihr Blick dann allerdings auf seine Cordhosen fällt, dann erlischt das Flüchtig-Interessierte sofort wieder. Dann erkennen sie ihn in seiner ganzen anachronistischen Lächerlichkeit. Die Cordhosen müssen noch eine Weile warten, bis sie wieder in Mode kommen. Wenn sie sehen könnten, was er liest, dann wär's völlig aus. Heinrich Böll. Gut, der Mann. Aber halt auch nicht grad total up to date. Ist ihm wurscht. Wie sagte doch dieser Tübinger Studentendichter damals: „Der echte Ire gießt sein Guinness nicht neben sein Glas, sondern in es." Das ist sein Wahlspruch. Sein einziger. Außer vielleicht noch „Hey Do Diddlediday, Diddledi Diddledi Day Day Day ..."

# Einer gegen Alle

*Der Anachronist*

Ach wissen Sie, ich passe nicht in diese Zeit. Ist mir alles zu laut und vulgär. Mag ja sein, daß jeder seines Glückes Schmied ist, aber leider wird darob auch jeder, mit dem ich zu tun bekomme, zu meines Sarges Nagel. Ich vermisse das Feine, vermisse die beschauliche Ruhe reputierlicher Gelehrsamkeit, vermisse, das kann ich ruhig zugeben, den Respekt, der mir gebührte. Ich vermisse, kurz gesagt, die Unterschiede.

Dabei sind sie ja vorhanden. Ich habe mit dem charakterlich geölten Cabriolettisten, dessen Abgasgestank durch den Efeu in meinen Dichterwinkel fährt, dessen Lärmgemisch aus tackernder Discomusik und viel zu hohen Drehzahlen meine Gedankengänge attackiert, nichts gemein. Nur leider weiß er das nicht. Ich kann füglich annehmen, daß er sich in meinem Respekte wähnt, ob der allfällig demonstrierten Potenz seines technischen Besitztums. Welch ein Irrtum.

Und was ist davon zu halten, daß die schönsten Frauen immer in der Nähe Reicher oder Mächtiger, was übrigens nahezu generell eins ist, gesehen werden? Die Zweitschönsten finden wir bei Männern, deren Neigungen oder Berufe einen hohen Freizeitwert signalisieren, und erst von den Drittschönsten an abwärts finden wir gelegentliches Entzücken an einem Dichterwort oder Achtung vor einem anderen Werk des Geistes.

An ihrem Glück, wie gesagt, schmieden sie alle, doch an ihrem Talent, ein Glück, wenn ihnen denn eines einst begegnete, überhaupt von etwas anderem zu unterscheiden, daran zweifle ich. Ist denn Kunst zu erleben nicht Glück? Ist denn Glück zu verstehen nicht eine Kunst? Und halten diese Frauen nicht Konstantin Wecker für Kunst, ohne zu merken, daß es der virile Schweiß auf seiner Stirn, der kasernenhoftauglich befehlsgewohnte Brustton sowie das immense Schultergebirge, das er kraftstrotzend ins Klavier zu graben scheint – daß es diese wenn überhaupt, dann allenfalls sekundären Tugenden sind, die sie betören? Kunst? Ich bitte Sie. Eine überdimensionierte Amorette, die sich als Möbelpacker gibt, bestenfalls. Und glauben dieselben Frauen nicht, ein Hauch von Geschichte umwehe sie, wenn Angelo Branduardi so knaben- wie vagantenhaft die ondulierte Lockenpracht schüttelt? Glauben sie nicht, das Weben inkarnierter Wesen rühre an ihre Gänsehaut, wenn Andreas Vollenweider sein flockig-leichtes Harfenmüsli über ihre erweckungsfroh geneigten Häupter streut? Nein, die Frauen, zumal die schönsten mit ihrem unstillbaren Drang nach rechtzeitigem Wucher mit dem vergänglichen Glanz ihrer Anmut, sind keine Gefährtinnen des Geistes. Sie nähmen ihn allenfalls hin in Verbindung mit einer recht bald zu erbenden Villa.

Und wo bleiben die Männer? Die Bundesgenossen von einst, mit denen noch in bezechtestem Zustand Schopenhauers „Die Welt als Wille und Vorstellung" erschöpfend diskutierbar war? Wo ist der letzte heißgeredete Kopf geblieben, wo der letzte willig sich in die Abgründe sophistischer, philosophischer oder kasuistischer Gedankengänge stürzende Jüngling? Weg sind sie allesamt. In die Welt der einträglichen Mediokritäten gefallen.

Der eine beklagt den Steuersatz, der zweite hält Bildung für das, was er seinem Trizeps antut, der dritte, vierte und fünfte spielen Skat mit dem sechsten, den sie um die gute Figur beneiden, die er in seinem Jogginganzug noch immer macht. Undsoweiter ad infinitum.

Ach, ich bin einsam. Ich passe nicht in diese Zeit. Herrje, apropos Zeit. Ich habe meiner Frau versprochen, in den Massa-Markt zu fahren. Sie hat Dienst bis neun Uhr. Ich soll die Pampers für Ignaz und das Kettcar für Emmanuel nicht vergessen, sagte sie vorhin am Telefon. Ein Glück, daß ich das Drahtlose ins Gartenhaus mitgenommen habe, sonst hätte sie mich gar nicht erreicht. Alles andere steht auf dem Zettel an der Pinnwand. Ich muß los, mein 2CV ist nicht der schnellste.

Aber ich liebe an ihm die Illusion, daß zwei, nur zwei und keine fünfundachtzig Pferde ihn bewegen. Zwei feurige Traber edlen Geblüts, deren Rist vor mir gemessen im Abendwind wippt.

Mein Zweispänner. Leider steht vor dem Massa-Markt kein Stallknecht, der mir devot die Zügel aus der Hand nimmt, um Castor und Pollux alsbald den Hafersack über die Kruppe zu werfen. Meine Uhr geht einfach zweihundert Jahre nach.

# Doch

## *Der, der eigentlich nur noch klassische Musik hört*

Also irgendwann kommt man halt doch in das Alter, wo man den Blues einfach nicht mehr so hat. Jetzt in *dem* Sinne mal. Ich bin keine vierunddreißig mehr, das Leben geht weiter, schließlich lernt man auch noch was dazu. Ich hab' jetzt „Die letzte Welt" gelesen, den Bestseller von Ransmayer, ist mir ja eigentlich unverständlich, daß das so ein Bestseller geworden ist ... ja doch, ist ein ganz tolles Buch, aber ich frage mich, ob das all die Leute, die's gekauft haben, also ob die das auch lesen? Ich weiß ja nicht. Doch, es ist toll, interessantes Thema auch, die ganze Sache da mit Ovid und so, doch, aber ich würde sagen, nicht direkt für Otto Normalverbraucher. Diese Zeitsprünge und dann die Sprache, also ich könnte mir vorstellen, nicht für mich natürlich, aber irgend jemand ganz Normales, also dem müßte das doch eigentlich zu schwierig sein. Na ja, darum ging's mir grad' eigentlich nicht, was ich sagen wollte: Ich hör' eigentlich nur noch klassische Musik.

Ja, irgendwann hat man doch auch den Elvis mal satt. Schon, ein gepflegter Jazz, nicht zu free und nicht zu nervös, George Winston oder so, oder Jarret, da sag' ich nicht nein, aber eigentlich hör' ich doch jetzt eher Klassik.

Sonntag morgens zum Beispiel zum Frühstück, also da geht mir nichts über meine Vier Jahreszeiten. Ganz toll. Die Anne-Sophie Mutter da mit dem Karajan, ich mag den ja. Ich finde nicht, daß der alles zu schnell dirigierte. Ich finde, der hatte irgendwie Pep. Doch. Toll. Wenn ich den Spiegel lese: Moldau oder Pastorale; beim Autofahren, sehr gern mal den Bolero, nein, das heißt nicht seit neuestem Autofahren, ich meine wirklich Autofahren. Carmen oder so was tu' ich auch mal rein, aber nur, wenn ich draufdrücken kann. Im Stadtverkehr ist das nichts. Und wenn ich allein in der Wohnung bin, Nummer eins b-Moll von Tschaikowsky. Ganz laut. Bis im roten Bereich. Da darf die CD mal zeigen, was sie kann. Doch, ganz toll. Kann ich so richtig drin schwelgen.

Meine Mutter hat gemeckert, als ich letzte Weihnachten die Brandenburgischen Konzerte aufgelegt habe, aber ich bin eisern geblieben. Kein Stille Nacht, kein Heidschi Bumbeidschi, die kann ruhig auch mal was Anständiges anhören. Wenn sie schon bei mir zu Besuch ist, hab' ich auch die Auswahl der Musik unter mir.

Ich bin zur Klassik gekommen wie die Jungfrau zum Kind. Bei uns zuhause gab es keinen Musikunterricht oder sowas, das hab' ich mir alles selber angeeignet. Da gab's doch damals diese Gruppe Ekseption, die haben so klassische Sachen verpoppt, das fand ich damals ganz toll. Emerson,

Lake and Palmer auch, ich weiß nicht, erinnerst du dich noch an die? Ja, und dann Jacques Loussier und Eugen Cicero, das hat uns der Musiklehrer mal vorgespielt. Fand ich auch nicht schlecht. Ja, und so bin ich zur Klassik gekommen. Als ich mir dann diese Hi-Fi-Sachen gekauft habe, also das reizt man mit keiner Barry-White-Platte aus, was die Anlage bringt. Das geht nur mit Klassik. Nur Klassik *hat* überhaupt den Wumm, den der Verstärker

verkraftet. Und die Dynamikunterschiede. Wozu soll ich mir 'ne CD kaufen, wenn alles gleich laut ist. Erst wenn's mal richtig leise wird, *hör'* ich doch, daß da nichts, aber auch gar nichts mehr rauscht. Und richtig leise wird's halt nur bei Klassik. Und außerdem ist man keine vierunddreißig mehr.

Die Platten hier? Laß mal sehen, Barclay James Harvest, Jennifer Rush, Chris Rea, Dire Straits, Chris de Burgh, die sind von meinem Sohn. Ja, der ist 'n ganz großer Softrockfan. Hier, da drüben, das sind meine. Rondo Veneziano, Orchester Christian Kolonovits, Zwanzig Klassik Hits, Uhrwerk Orange und hier die Justus-Frantz-Kassette, das sind alles meine. Sind noch nicht so viele. Mein Sohn hat natürlich mehr. Hier, die meisten sind seine. Ich hau' doch nicht jede Woche dreißig Mark auf den Kopf. Der gibt sein Geld ja für nichts anderes aus. Wie alt der ist? Zwölf ist der. Hat aber schon 'n ganz schön frühreifen Geschmack. Keinen schlechten Geschmack, finde ich. Für Pop-Musik ist das alles doch ganz gut, was der sich da zusammenkauft. Ach ja hier, Für Elise etc., das ist auch meine und hier die Golden Classics Volume eins bis vier. Und hier, das ist überhaupt mein Favorit: Gustav Mahler, Tod in Venedig. Dachte ich zuerst, ist vom gleichen wie Spiel mir das Lied vom Tod. Damals kannte ich Gustav Mahler noch nicht.

# Aus dem Kuckucksei gepellt

*Der Unsichtbare*

Mein Schlüsselerlebnis hatte ich vor elf Jahren. Ein Achthundert-Mark-Anzug sprach zu mir aus dem Schaufenster eines feinen Herrenausstatters. Ich war gerade ebenso frivoler Laune wie flüssig und kaufte ihn. Schon im Laden flog mich dieses Gefühl an, nicht hierherzugehören. Ich schaute heimlich nach, ob meine Fingernägel nicht zu lang sind, vermied es, im Spiegel meinen Haarschnitt zu überprüfen, da er den Ansprüchen hier im Laden nicht genügen konnte, und ich wußte auch genau, daß mir außer sauberen Schuhen ein teurer Geruch fehlte. Entsprechend flapsig wurde ich bedient und genoß die Situation auf meine Weise, indem ich beim Bezahlen die Kreditkarte zog und nicht das Bargeld. Obwohl ich genügend einstecken hatte.

Der Anzug, den ich gleich anbehielt, war beige mit eingewebten blauen Streifen. Nicht gerade ein extra vulgärer Gangster-Anzug, aber doch für einen Vertreter oder Angestellten eine Spur zu pfiffig. Auch als Politiker hätte man so etwas nicht tragen dürfen, allenfalls ein Werbefachmann, mittlerer Manager einer Zukunftsbranche oder Fernsehjournalist kann sich diese Art Kleidung leisten.

Ich ging in mein Stammcafé und stellte fest, daß ich unsichtbar war. Noch nicht einmal Armando, der italienische Barkeeper erkannte mich, geschweige denn Stefan, der junge Anwalt oder Till, der einen Plattenladen hat. Auch Doro, die etwas später kam, sah mich nicht. Dabei verging nie ein Tag, an dem wir nicht ein paar Worte miteinander gewechselt hätten, obwohl wir, das war wie eine feste Regel, immer an verschiedenen Tischen saßen. Und dabei ignorierten sie mich nicht etwa. Es war nicht so, daß ich durch irgend etwas, zum Beispiel diesen neuen Aufzug, bei ihnen in Ungnade gefallen wäre, nein, sie *sahen* mich ganz einfach nicht. Ich hatte mich unsichtbar gemacht. Ich war zufällig auf ein Geheimnis gestoßen, das mir seither viel Freude gemacht hat.

Der Witz dabei war, daß ich nicht nur für meine Freunde, also die eigene Szene unsichtbar war, nein, auch die Männer, die solche Anzüge tragen oder die Frauen, die nach solchen Männern Ausschau halten, sahen mich nicht. Ich wurde also nicht etwa von der falschen Szene gesehen, sondern gar nicht. Als Uniform funktioniert ein solcher Anzug nämlich nur mit Krawatte, Aktenkoffer, entsprechendem Haarschnitt und passenden Schuhen. So wie ein dunkelblauer Dufflecoat alleine noch keinen jungen Menschen, der klassische Musik spielt, ausmacht. Es muß dazu die weinrote Cordhose kommen, ein langer Wollschal, bei Männern ein Bartanflug und bei Frauen eine Spange im Haar, bei beiden Geschlechtern eine blasse Gesichtsfarbe, eine eher dünnrandige Brille und flache, aber klobige Schuhe, bei Frauen eine Bluse und bei Männern ein Hemd, dessen Ärmel auf keinen Fall hochgekrempelt sein dürfen. Erst dann ist der junge Klassiker perfekt. Änderte man auch nur ein Teil des Ensembles, fiele man schon wieder heraus. Ohne Schal und mit brauner Cordhose zum Beispiel wäre der Mann dann ein Mathematiker oder Physiker, der nicht in der freien Wirtschaft arbeitet; mit Jeans und T-Shirt, ohne Spange und Schal wäre die Frau eine Persönlichkeit, deren Interessen mehr ins Evangelische oder Psychologische gehen.

Es gibt viele Beispiele, um diesen Tatbestand zu veranschaulichen: Leichter Anzug oder Kombination und Rollkragenpullover im Verbund mit ergrauenden Schläfen und festem Schuhwerk zeigen einen städtischen Berufsjugendlichen, also Knastpfarrer, Lehrer, Jugendbeauftragten oder CVJM-Leiter. Dieselbe Kleidung, wenn sie für die Jahreszeit etwas zu warm und robust erscheint, deutet auf seinen Kollegen aus dem ländlichen Bereich hin. Einen Bodybuilder oder Kraftsportler erkennt man an der im Nacken zu langen Dauerwelle und an seinem Blick, mit dem er die ganze Welt ansieht, als wäre sie ein Schnitzel. Einen Fan von Gitarrenrock erkennt man am frisierten Opel, seinen schmuddeligen Turnschuhen und dem Jeansanzug mit kurzer Jacke, ein Mitglied der DKP am Seehundschnurrbart und der schwarzen, halblangen Lederjacke mit den aufgesetzten Taschen. Undsoweiter undsoweiter.

Die Kleidersprache funktioniert intern, das heißt, die jeweilige In-Group findet anhand der richtigen Zusammensetzung der Zeichen zueinander. Schwule erkennen einander am Halstuch zum farbigen Hemd. Ist das Hemd weiß, hat man einen Dirigenten oder Schriftsteller vor sich. Schauspieler erkennen einander an der repräsentativen Mimenfurche um die Mundwinkel und Schauspielerinnen an den schwarzen Oma-Klamotten, der schlampigen Frisur und der melodisch-markanten Stimme. Jede Gruppe erkennt ihre Mitglieder, ja sie reagiert überhaupt nur auf die äußeren Zeichen möglicher Mitgliedschaft. Ein flüchtiger Blick genügt also für den Männer-Vogue lesenden Anzugträger, um mich wegen meiner selbstgeschnittenen Haare oder der Micky Maus am Revers auszusortieren. Ich könnte im Jaguar daherkommen und würde doch nicht aufgenommen. Meine eigene Gruppe ignoriert jeden mit Bügelfalte, und ich kann mich unsichtbar und unverpflichtet mitten unter meinen Freunden bewegen. Auf Reisen, um nicht dauernd von jemandem angesprochen zu werden, der garantiert auch bis Hamburg fährt, hat sich die sorgfältige Komposition unpassender Einzelsignale bestens bewährt. War ich kurz vorher beim Friseur, dann ist es ratsam, Jeans mit Löchern und hungrige Schuhe zum eleganten Fischgrätjakkett anzuziehen. Sind meine Haare lang, dann lohnt es sich nicht, auf die Rasur zu verzichten, dann genügen Turnschuhe und eine runde Sonnenbrille, um den eleganten mausgrauen Leinenanzug von

Versace in seine signalmäßigen Grenzen zu verweisen. Nur noch ganz selten, wenn ich wirklich einsam bin, wenn es mir überflüssig und traurig erscheint, immer nur den eigenen Gedanken und Beobachtungen nachzuhängen, dann und nur dann suche ich sorgfältig im Kleiderschrank nach Sachen, die zueinander passen, gehe langhaarig *und* unrasiert, in Slippers *und* Hawaiihemd, mit Jeans *und* leichter Baumwolljacke auf die Piste. Und dann freue ich mich, wenn meine Freunde sagen: „Wo *warst* du denn die ganze Zeit?"

# Schnäppchen

## *Der, der immer alles ganz günstig kriegt*

Auf Flohmärkte geh' ich schon lang nicht mehr. Seit mindestens fünfzehn Jahren steh'n mir Flohmärkte echt bis hier, du. Total bis hier oben steh'n mir die, und das nicht nur, weil ich vielleicht ein Achtel meiner Gesamtlebenszeit auf Flohmärkten verplempert hab', sondern auch, weil die einen total über'n Tisch ziehen. Das geht mir inzwischen voll am Arsch vorbei. Du, voll. Hier. Verstehste? Die scheißen dich echt nur an. Ich weiß Bescheid. Hab' selber mal ein halbes Jahr lang auf'm Flohmarkt gejobbt. Nur Ablinke. Echt, totaler Supernepp.

Nein, ich deck' mich inzwischen mit allem, was ich so zur Runderneuerung meiner Sphäre brauche, direkt an der Quelle ein. Versteigerungen, Pleiten, Todesfälle, alles kein Problem, wenn man weiß, wo man suchen muß. Und neben mir feilschen die Flohmarktheinis und wollen's noch billiger haben. Ich überbiete sie ein bißchen, bloß ein kleines bißchen, bei den Stücken, die ich brauche. Ich muß ja nichts dran verdienen, kann locker 'n paar Mark drauflegen und zack, ist es mir.

Mein Kombi ist von der Post, viertausend mit neuem TÜV und keine Inspektion ausgelassen. Das

Fahrrad und der Lederkoffer, die Schreibmaschine und die Leicaflex vom Karlsruher Bahnhof. Die versteigern jährlich. Mein Geschirr mitsamt dem Schrank hab' ich in der Eifel selber von einer alten Bäuerin abgebaggert. Allein für's Geschirr würd' ich heut' vierhundert kriegen, und was meinst du, hab' ich bezahlt? Na? Genau achtzig Mark. Und Kaffee und Kuchen hat sie mir auch noch vorgesetzt. Ein Glück, daß ihr Sohn bei der Bundeswehr war, der hätte mich, wenn er für fünf Pfennig Grips hat, hochkant rausgeschmissen.

Daß du hier so wenig Bücher siehst, liegt daran, daß ich meine Raubdrucke, wenn ich sie ausgelesen habe, gleich wieder weiterverkaufe. Der Raubdruckmarkt hat seine eigenen Gesetze. Meistens schlag' ich die Dinger mit Gewinn wieder los, weil die richtigen Sammler immer erst ein bißchen zu spät drauf kommen. Dann zahlen sie jeden Preis für's „Geisterhaus", weil es schon lang wieder out ist und nirgends mehr zu kriegen.

Brauchst du übrigens 'n Rasierwasser? Kannst dir eines von meinen Proben raussuchen. In der Stadt gibt's dreiundsechzig Parfümerien, ich werde wohl pensioniert sein, bis ich die letzte Probe verbraucht habe. Aber von meinen Hotelhandtüchern klaust du mir bitte keins, an denen häng' ich. Kannst dafür ein paar Minibar-Schnäpse mitnehmen. Ich trink' keine scharfen Sachen, bring's bloß nicht über's Herz, sie stehen zu lassen, wenn ich das Zimmer schon bezahlt hab'. Seifen kannste auch haben, die wachsen mir alle paar Monate über'n

Kopf. Aber dafür könntste mir 'n Gefallen tun. Du hast doch 'n Recorder. Nimmst du mir die Tanita Tikaram auf? Und auf die Rückseite vielleicht irgendwas von Springsteen, irgend 'ne leere Kassette wirst du doch finden. Die Tikaram interessiert mich echt, hab' schon zwei Leute, mit denen ich mir die Eintrittskarte teile. Ja, demnächst in der Waldbühne. Bei der Waldbühne ist das ganz einfach, man gibt die Karte einfach durch den Zaun wieder raus und der nächste kommt rein damit. Ja, klar, du sagst einfach, daß du nochmal rausgegangen bist und das Licht im Auto ausgemacht hast oder so. Mach' ich immer. Dreißig Mark, die spinnen doch. Das ist doch die totale Geldmache. Sag mal, ist heut' nicht Montag? Sollen wir ins Kino? Montags kostet es sechs Mark Einheitspreis für alle Plätze. Wir können die S-Bahn nehmen, meine Fahrkarte ist nicht abgeknipst, und um die Zeit kontrolliert sowieso keiner mehr. Du zahlst die Pizza. o.k.?

# Eins und eins macht zwei

## *Der ohne Vorurteile*

Das ist jetzt echter Quatsch, was du da sagst. Ich hab' keine Vorurteile. Das sind Erfahrungen. Mach' doch mal die Augen auf, dann kapierst du, was um dich her geschieht. Vorurteile! Blödsinn! Und außerdem, warum legst du deine Hand nicht auf eine heiße Herdplatte? Na? Vorurteil, was denn sonst?

Also, jetzt mal der Reihe nach. Versuch' doch mal, einen italienischen Barkeeper lächelnd um irgendwas zu bitten. Ich schwöre dir, er wird dich ignorieren. Und dann versuch's mit der herrischen Tour, die die andern Gäste drauf haben. Na, was sagst du jetzt? Schwupps, kommt dein Campari auf den Tisch.

Schau doch mal auf deinen Tacho, wenn du hinter einem Fahrer mit Hut herzockelst. Was siehst du? Richtig, fünfundsechzig Spitze auf gerader Strecke und Bremslichter hundert Meter vor der nächsten Kurve.

Und frag' doch mal einen langhaarigen Pickel-Heini mit Sandalen und Stofftasche, ob er bei der Bundeswehr war; und eine Frau, die mit einem Neger geschlafen hat, ob sie noch mal einen Weißen will. Frag' einen Finnen, ob er dir seine Frau für eine Flasche Whisky überläßt, oder einen Engländer, ob Essig und Öl den Salat verderben oder würzen. Bau' doch mal ein Haus in Spanien. Oder erzähl' einem Jugoslawen einen Witz; oder einem Schauspieler, daß sein berühmterer Kollege nichts kann. Frag' einen Japaner, ob er einen Fotoapparat besitzt, finde einen Amerikaner, der Beirut von Bayreuth unterscheiden kann, finde einen Schriftsteller, der noch nicht in Venedig war oder einen Arzt, der keine einzige Originalgrafik besitzt.

Na siehst du. Es gibt einfach Dinge, auf die man sich verlassen kann. Das hat mit Vorurteilen nichts zu tun, das ist eine ganz normale und vernünftige Form der passiven Bewaffnung gegen eine immer feindlich bleibende Welt. Da kommst *du* mit deinem indo-evangelischen Getue nämlich nicht zurecht. Draußen in der echten Welt.